汉字里的中国

许晖 著

藏在汉字里的
古代家国志

化学工业出版社
·北京·

图书在版编目（CIP）数据

藏在汉字里的古代家国志/许晖著.—北京：化学工业出版社，2020.8（2023.2重印）
（汉字里的中国）
ISBN 978-7-122-37052-5

Ⅰ.①藏⋯ Ⅱ.①许⋯ Ⅲ.①汉字-研究 ②爱国主义-中国-古代 Ⅳ.①H12 ②B822.1

中国版本图书馆CIP数据核字（2020）第085481号

责任编辑：周天闻　龚风光　　　选图、解说：芸　窗
责任校对：宋　夏　　　　　　　装帧设计：今亮后声 HOPESOUND pankouyugu@163.com

出版发行：化学工业出版社（北京市东城区青年湖南街13号 邮政编码 100011）
印　　装：北京新华印刷有限公司
880mm×1230mm　1/32　印张10　字数270千字　2023年2月北京第1版第3次印刷

购书咨询：010-64518888　　　售后服务：010-64518899
网　　址：http://www.cip.com.cn
凡购买本书，如有缺损质量问题，本社销售中心负责调换。

定　价：68.00元　　　　　　　　　　　　　　版权所有　违者必究

引言

"中国"这一称谓,始见于1963年在陕西宝鸡出土的西周青铜器何尊,是一位叫何的宗室贵族所铸,故称"何尊"。尊底部有122字铭文,描述了周成王营建成周(洛阳)之事,其中载周武王的训诰有"余其宅兹中国,自兹乂民"的句子,意思是说:我将住在这天下的中心,从这里治理民众。显然,这里的"中国"指以洛阳为中心的中原地区。

在甲骨文中,"中"的字形是一杆带有"游(飘带)"的旗帜,旗帜中间有一个小圆圈标注位置,表明此为立中之处。古时凡有征伐大事,一定要先"建旗",将旌旗竖立在中央之地,众人见之而来,聚集在旌旗之下,然后开始议事。旌旗一定要建在中央之地,故又称"建中"。当然,中央之地也可以指城邑的中心地带,因此"中"字形的这个小圆圈也可以指城邑。

而"国(國)"的字形,左边是一个小圆圈指代城邑,右边是一把戈,意为持戈护卫城邑。那么,毫无疑问,"国"是由城邑所组成,而城邑则是由一户一户的"家"所组成。先有人,再有家,再有城,最后有国。

正因为这一次序,古时方有"家国"一词,由家而至于国,因家而至于国。《逸周书》中有《皇门解》一篇,属于西周文献,其中指责乱臣"谗贼媢嫉"(以谗言伤人,相互嫉妒),"以不利于厥家国"(以不利于他们的"家国")。由此滥觞,现代意义上的"国家(country)"概念竟然被古代中国人以"家国"称之。

这就是学者们所总结的血缘宗族和国家制度相结合的"家国同构"现象,乃是宗法社会的显著特征。从《礼记·大学》的修齐治平("身修而后家齐,家齐而后国治,国治而后天下平"),到孟子之言"天下之本在国,国之本在家,家之本在身",到士大夫兴亡之感的"家国忧""家国恨",直至今日中国人根深蒂固的爱国情结,仍然有着"家国同构"的宗法制的遗绪。

这本小书,把102个汉字分为君臣、律法、军事、德行、生死五个专题,详细讲解汉字中所体现出来的"家国同构"现象,以及由此衍生的独特的士大夫以及家国情怀。

目 录

君臣篇

君	神职人员手持权杖传达神的旨意 002
朕	手持工具填塞船上的缝隙 006
士	供战士使用的斧钺 009
侯	箭射中了兽皮制成的靶子 012
卿	两个人坐在食器两旁进食 014
卫	卫士们围绕着城邑巡察守候 018
仆	带尾饰、受过刑的奴隶手持簸箕扬米去糠 022
史	以手持"干"捕猎 024
医	士兵防御时被箭或兵器所伤 027

卑	手持杵棒筑墙服劳役 030
奚	手持绳索拘押罪人 033
臧	在俘虏或奴隶的脸上刺字涂墨的黥刑 036
童	将犯人用刀剃发并刺伤眼睛 039
禄	用辘轳汲水灌溉保丰收 042
寺	用手和脚来计量尺寸 044
天	正面站立的人突出的头顶 048
封	用手在土堆上植树 052
朝	太阳从草丛中升起时还能看到月亮 054

法	一只叫獬豸的神兽赶走理亏者 058		印	手按犯人，在额上刺字涂墨 075
守	屋子里面的人持盾牌掌管法度 062		县	将犯人的首级用绳索挂在木杆上示众 078
刑	用井形枷锁把人铐上 065		辟	用刑刀对犯人执行死刑 081
罚	审讯罪人，并处以罚金 068		曹	袋子里装着铜和箭等待裁决 084
罪	用刑刀割犯人的鼻子 070		执	用手枷把犯人铐起来 087
报	将犯人铐上手枷，按压使其下跪 072		狱	原告和被告跪坐着争辩 090

戎	一手持戈一手持盾 096		弓	一张反曲的松弛的弓 108
兵	两只手举着兵器 098		疾	腋下的箭伤 111
矛	一支矛有锋刃、矛身和装柄的孔 101		矢	一支带箭头、箭杆和箭尾的箭 114
盾	一面带有画饰的盾牌 104		射	用手拉开弓射箭 116
刀	一把有柄、背和锋刃的刀 106		函	把箭装进箭囊里 118

成	用楔子把戈的刃和长柄固定在一起 —— 121	戏	装扮着虎皮，持戈击鼓 —— 147
我	一柄锯齿状的兵器 —— 124	旅	大旗下面有两个士兵 —— 150
族	指向大旗的箭头 —— 127	侵	手持笤帚打牛，使其前进 —— 153
戉	一把长柄圆刃的战斧 —— 130	御	人拿着马鞭子赶车 —— 156
取	一只手扯着左耳朵割下来 —— 134	介	人身上披着铠甲 —— 160
盟	器皿中盛着血或牛耳来结盟 —— 137	誓	用斧头斩断草木来发誓 —— 162
武	人持戈前进 —— 142	斗	两个人面对面徒手搏斗 —— 164
首	头上有三根头发 —— 144	俘	用手抓住俘虏回家收养起来 —— 167

德行篇

德	在十字路口要行得正 —— 172	学	搭建的供教学用的屋舍 —— 184
圣	人踮起脚尖倾听神的声音 —— 175	义	战争前杀羊并陈列兵器 —— 187
贤	主人用手驱使奴隶去创造财富 —— 178	礼	高脚盘里盛着祭祀用的玉器 —— 190
儒	祭祀前司礼者沐浴濡身 —— 182	戒	两手持戈戒备森严 —— 193

忍	锋利的刀刃插到了心上 —— 196
善	像目光和善的羊一样美好 —— 199
真	仙人穿着草鞋隐形飞升 —— 202
直	眼睛看的时候视线平直 —— 206
比	两个人亲密地并立着 —— 209
言	犯人受审时的辩词 —— 212
养	手举着鞭子牧羊 —— 215
讳	两人相背而行,避免说话 —— 218
老	长发飘飘、弯腰驼背、手持拐杖行走的老人 —— 220
叟	长老在屋子里面持炬驱鬼 —— 224
孝	孩子扶着长发老人行走 —— 226
乐	放在木架上,用丝线装饰的乐器 —— 230
孟	为刚出生的婴儿洗澡 —— 232

长	长发持杖的长者 —— 234
寡	一个人在屋子里面愁眉苦脸 —— 238
母	两手交叉,用乳房哺育子女 —— 241
父	右手持棒教子女守规矩 —— 244
兄	俯身向天祷告 —— 248
弟	用绳子将捕鸟工具一圈圈缠起来 —— 251
儿	婴儿口中新长出了牙齿 —— 254
孙	结绳来记录子孙的世系 —— 257
爱	用手抓着心跑去奉献给所爱的人 —— 260
慈	母亲的心像细丝一样牵系着子女 —— 262
亲	子女来看望砍柴的父母 —— 265
世	分杈的树枝上长出了三支新芽 —— 268

生死篇

名	天黑时自己报出姓名 272	死	活人对着朽骨俯身拜祭 295
字	在家里生孩子 276	弃	逆产的胎儿放到草筐里去扔掉 298
殷	在屋里给孕妇接生 279	夭	人行走时两臂摆动 300
寿	老人在田间主持四时之祭 282	吊	人拿着射鸟的矰缴守在遗体旁边 302
丧	众人在桑树下哭丧 286	尸	代表死者受祭的活人 304
鬼	顶着又大又怪异的脑袋的人 289	见	人头上顶着一只大眼睛 308
葬	人死后用草席覆盖起来 292		

君臣篇

君

神职人员手持权杖传达神的旨意

君子之交淡若水，小人之交甘若醴
——《庄子》

❶

❷

君王，国君，"君"是怎么演变成这样至高无上的称谓的呢？

君，甲骨文字形❶，这是一个会意字，上部是一只手持着一根杖子，下部是"口"。这根杖子可不是一般的杖，而是神杖，只有神职人员才可以持有。下部的"口"是指用口发布命令。整个字形会意为神职人员传达神的旨意。金文字形❷，"口"被覆盖了。金文字形❸，笔画更粗更美观。小篆字形❹，上部略有变异。

《说文解字》："君，尊也。从尹口，口以发号。""尹"是部落酋长之称，只有他可以握有权杖。白川静先生则认为这个字下部的"口"并非是指嘴巴，而是"置有向神祷告的祷词的祝咒之器"，因此，"君"会意为"手持神杖、诵咏祷辞、能够召请神灵降临的巫祝的首长。巫祝的首长拥有统治权，因此氏族的首长谓'君'"。白川静先生最为卓异之处在于从不把"口"字当作口腔之"口"，而是认作一种祭祀的器具，他自己的术语是"祝咒之器"，里面装有各种祷词。如此一来，"君"就成为一种神职，进而引申为国家的最高统治者，即《尚书》的定义："皇天眷命，奄有四海，为天下君。"

❸

❹

不过，除了国君的义项之外，"君"还有其他特定的称谓。天子、诸侯、卿、大夫，拥有土地的各级统治者都称"君"；夫人也可称"君"；也可称父母为"君"，比如"严君"；妾称夫为"君"；妻子称丈夫为"君"；丈夫称妻子为"细君"，东方朔的妻子叫细君，后来就用作妻子的通称。诸如此类，不再赘述。

"君子"是儒家学说中的理想人格，班固《白虎通》解释道："或称君子何？道德之称也。君之为言群也；子者丈夫之通称也。"王安石解释得更清晰："故天下之有德，通谓之君子。"孔子曾经总结过："君子有三戒：少之时，血气未定，戒之在色；及其壮也，血气方刚，戒之在斗；及其老也，血气既衰，戒之在得。"在他的心目中，君子有三戒：少年时，血气未定，戒的是女色；等到成年了，血气方刚，戒的是争斗；等到老了，血气已经衰败，戒的是贪得无厌。

孔子还总结过君子有三畏："畏天命，畏大人，畏圣人之言。"在他的心目中，君子还有三畏：敬畏天命，敬畏居上位的人，敬畏圣人之言。君子还有九思，即九种要用心考虑的事："视思明，听思聪，色思温，貌思恭，言思忠，事思敬，疑思问，忿思难，见得思义。"看要看得明确；听要听得清楚；脸色要考虑是否温和；容貌要考虑是否谦恭；说话要考虑是否忠厚诚恳；做事要考虑是否认真谨慎；有疑惑要考虑向人请教；生气时要考虑到后果；遇到可得的利益时，要考虑是否合于义。这些都是儒家对"君子"的要求。

至于"君子之交淡若水"的说法,出自《庄子》一书:"君子之交淡若水,小人之交甘若醴。君子淡以亲,小人甘以绝。"郭象注:"无利故淡,道合故亲。"因没有利益所以淡,因天性相合所以亲。孔颖达疏:"君子之接如水者,言君子相接,不用虚言,如两水相交,寻合而已。"贤者之间的友谊平淡如水,不尚虚华。人们口头上说"君子之交淡如水",可是很少有人想到后面还跟着一句"小人之交甘若醴",小人的友谊像甜酒一样甘甜,可这种甘甜却是出于利益的考量,不是出自本心和天性,因此当得到利益或者利益失去之后,立马就会翻脸断交。君子和小人对待友谊的态度从这两句话里可以区分得清清楚楚。

《湘君湘夫人图》
明代文徵明绘，纸本淡设色，
北京故宫博物院藏

文徵明（1470—1559），明代诗人、书画家。初名壁（亦作璧），字徵明，以字行，更字徵仲，号衡山居士，长洲（今江苏苏州）人。工行、草书，尤精小楷。擅山水，笔墨苍润秀雅，兼善花卉、人物，名重当代，与沈周、唐寅、仇英并称"明四家"。

《湘君湘夫人图》是根据屈原《九歌》中"湘君""湘夫人"两章而作。作者自称此图仿赵孟頫和钱选，追求一种古意，人物造型来自晋代画家顾恺之《女史箴图》和《洛神赋图》，用高古游丝描，施朱红及白粉，人物修长飘逸，格调清雅。

画面上湘君、湘夫人一前一后，前者手持羽扇，侧身后顾，似与后者对答，设色古淡，有神光离合之感。湘君和湘夫人为湘水之神，一说即尧的两个女儿，也就是舜的妻子娥皇、女英。舜死后，二妃悲伤不已，泪染青竹，死于江湘之间。

手持工具填塞船上的缝隙

帝高阳之苗裔兮，朕皇考曰伯庸
——屈原

❶

❷

凡是中国人都知道，"朕"是皇帝的专用称谓，除了皇帝任何人都不准使用，但是这个称谓是怎么来的呢？

朕，甲骨文字形 ❶，这是一个会意字。关于这个字形古往今来众说纷纭。大致说来，左边是条船（舟），右边是两只手捧着一个上下竖立的工具，古文字学家商承祚先生在《甲骨文字研究》一书中认为这个工具是"密缝之具"，即弥补船上漏缝的工具，古文字学家徐中舒先生在《甲骨文字典》中也认为"像两手奉器治舟之形"；还有人认为双手上面那一竖就是表示船缝；也有学者认为那一竖表示撑船的篙，会意为双手持篙撑船，但撑船之人应该位于舟中，而这个字形却是人在舟外；白川静先生《常用字解》一书则另辟蹊径，认为左边是一个放有物品的盘子，右边表示双手捧持物品，整个字形会意为双手捧持盘中的物品呈献给人，"舟"因为和盘子的形状极为相似，因此后来也用作器具的托盘，不过白川静先生的解释却脱离了"舟"的本义。

朕，甲骨文字形 ❷，左右位置对换。金文字形 ❸，接近甲骨文。小篆字形 ❹，右上讹变为"火"，清末民

初甲骨文学者叶玉森先生在《说契》一书中解释说:"像两手捧火衅舟之缝。"弥补船的漏缝需要用火。我们现在使用的"朕"的字形,左边从"舟"讹变为"月",右边又讹变为"关",导致字形面目全非,完全看不出造字的原意了。

《说文解字》:"朕,我也。"清代文字学家戴震解释说:"舟之缝理曰朕,故札续之缝亦谓之朕。""札续"即用捆绑、缠绕的方法续补上去。戴震的意思是说:"朕"的本义就是舟缝,引申为可以"札续"的一切缝隙都称"朕"。上古时期,造船最主要的困难之一就是防止木板拼合处漏水。1978年,河北省平山县出土的战国葬船坑中有五艘战国木船残体,船板之间遗留有麻布、油灰,专家们认为极似用来将铅皮塞缝的材料。"朕"这个字就是对这种舱缝工艺的形象写照。

据《周礼·考工记》载,周代有"函人"一职,职责是"为甲",即负责掌管用犀牛、兕(sì,像野牛的青兽)等野兽的皮制作甲胄之职。制作甲胄,其中的工序之一是:"视其朕,欲其直也。"上述戴震的解释就出自对这句话所作的注。元代学者马端临在《文献通考》中的解释与此类似:"朕,缝也。缝路皆直,则制作之善也。"要把两块兽皮缝合在一起,必须将缝隙对齐才能严丝合缝。

但是"朕"为什么引申为"我",却没有任何令人信服的结论。有一种说法认为,"朕"的上古读音跟余、予的声母发音极其相近,因此借用为第一人称代词。蔡邕说："古者尊卑共称朕。"最早的时候，"朕"并不是皇帝的专称，任何人都可以自称"朕"，比如屈原《离骚》中的名句："朕皇考曰伯庸。"意思是我已故父亲的名字叫伯庸。秦灭六国之后，秦始皇才开始规定"朕"只能用于皇帝自称。

为《说文解字》作注的清代训诂学家段玉裁提供了一个非常有趣的观点："赵高之于二世，乃曰天子所以贵者，但以闻声，群臣莫得见其面，故号曰'朕'，比傅'朕'字本义而言之。遂以亡国。凡说文字不得其理者，害必及于天下。"段玉裁的意思是说秦二世受赵高摆布，群臣都见不到他的面，只能闻声，群臣跟皇帝的关系就像一条窄窄的缝隙一样，因此秦二世号为"朕"，是比附"朕"字的本义而言。虽然自称"朕"确实是从秦始皇开始的，但段玉裁的联想极为符合皇帝（尤其是昏君）和群臣的关系。

顺便说一下：段玉裁的观点并非出自自己的发明，而是由历秦始皇和秦二世两代的奸臣赵高而来。据《史记·李斯列传》载，赵高对秦二世说："天子所以贵者，但以闻声，群臣莫得见其面，故号曰'朕'。"

供战士使用的斧钺

其仆维何,釐尔女士
——《诗经》

在先秦诸侯国中,国君以下分卿、大夫、士三个级别,再往下就是庶民了。古书中常常可见"卿大夫""大夫士"等称谓,这是非常严格的等级,绝对不能混淆。因此,后世所称的"士大夫"在先秦应该是"大夫士"。直到战国中期以后,随着官僚阶层的兴起,表示等级制的"大夫"逐渐被表示阶层的"士"所超越,才慢慢形成了"士大夫"的称谓。

士,许慎认为这是一个会意字,《说文解字》:"士,事也。数始于一,终于十。从一从十。孔子曰:'推十合一为士。'"按照许慎的解释,"士"的本义就是"事",表示善于做事,从一开始,到十结束,非常完美地完成了一件事情。《白虎通》也说:"士者,事也,任事之称也。"任事即做事称职。近代文字学家吴承仕先生认为,男人最原始的事就是耕作,他说:"事,谓耕作也。盖耕作始于立苗,所谓插物地中也。人生莫大于食,事莫重于耕。故士为插物地中之事。"因而将"士"作为负责耕作的男子的美称。

至于孔子所说的"推十合一为士",清代学者黄生解释道:"《说文》引孔子'推十合一为士',言能综

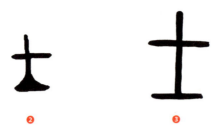

万理于一原也。"如此一来就符合了"士"的各种引申义:"通古今,辨然不然,谓之士。""博学,审问,慎思,明辨,笃行。""以才智用者谓之士。"诸如此类。

但是,许慎并没有见过甲骨文和金文,只就小篆字形加以解说,跟"士"的金文字形严重不符。我们看"士"的金文字形❶,很明显这是一个象形字,像一把"钺"的形状,"钺"用青铜或铁制成,样子像比较大的板斧。因此"士"的本义是使用斧钺的战士,引申为男子的美称。金文字形❷,下面"钺"的宽刃更加清晰。小篆字形❸,下面的宽刃完全看不出来了,因而才让许慎附会为"从一从十"。

士阶层如同卿和大夫阶层一样,也分为上、中、下三等,分别称上士、中士、下士,不过天子之士独称"元士"。元者"善之长也",是受有天子爵命之士,不能混同于诸侯之士。此外,还有秀士(德行才艺出众的人)、选士(德业有成者)、俊士(选入太学者)、造士(学业既成者)、进士(可进受爵禄者)等诸多名目。

有趣的是,现在的社交场合称女人为"女士",很多人都误以为是从西方礼仪而来的,其实不然,《诗经》里早就出现了这个称谓。《诗经·既醉》:"其仆维何,釐尔女士。""釐(lí)",是赐予的意思。这句诗的意思是:侍奉的人怎么样?赐予你德行美好的女子为伴侣。孔颖达解释说:"女士,谓女而有士行者。"有士人操行的女性称作"女士",跟今天的礼貌用语没有什么区别。

还有"绅士"一词,也多误以为来自西方礼仪,其实不然。"绅"是士阶层系在衣服外面的又大又长的带子。用大带子束腰,其余的部分垂下来作为装饰,这种服饰称为"绅"。"绅"的长短在等级制中有着严格的限制,《礼记》规定:"绅长制士三尺,有司二尺有五寸。"士的"绅"长三尺,官吏的"绅"长二尺五寸。之所以要规定士阶层束"绅",是要求他们恭敬谨慎,像"绅"一样自我约束。后世就把这个阶层称为"绅士",后来又用来指在地方上有财有势或得过一官半职的人,一般都是地主和退职官僚。

侯

箭射中了兽皮制成的靶子

终日射侯，不出正兮 ——《诗经》

　　古代爵位封号共五等，分别是公、侯、伯、子、男；分封各国的国君则称作诸侯，"诸"是众多之意，那么"侯"字为什么会作为封号的称谓呢？

　　侯，甲骨文字形❶，这是一个象形字，上侧和右侧是一张兽皮或者布，表示靶子；下面是一支箭，射中了靶子。甲骨文字形❷，靶子移到了左侧，箭的样子更明显。金文字形❸，箭的样子更美观。金文字形❹，大同小异。小篆字形❺，画蛇添足，在上面添加了一个"人"，表示是人在射箭。楷体字形的"人"移到了左边。

　　《说文解字》："侯，春飨所射侯也。"所谓"春飨"，是指春季举行的乡饮酒礼，之前要先举行射箭比赛；所谓"射侯"，是指用箭射靶子。兽皮制成的叫皮侯，布制成的叫布侯。据《仪礼》规定："凡侯：天子熊侯，白质；诸侯麋侯，赤质；大夫布侯，画以虎豹；士布侯，画以鹿豕。"天子用熊皮制成的"侯"，白色的质地；诸侯用麋鹿皮制成的"侯"，赤色的质地；大夫和士都用布侯，上面画有虎、豹和鹿、猪的图案。天子和诸侯所用的皮侯上面不画任何装饰图案，故称白质、赤质。这是根据等级制的严格规定。

　　《诗经·猗嗟》中的诗句"终日射侯，不出正兮"，指的是射侯时射中的准确程度。这句诗牵涉一面"侯"上各个位置的不同称谓。据郑玄说："方十尺曰侯，四尺曰鹄，二尺曰正，四寸曰质。""侯"是整个一面箭靶，尺寸为方十尺；"鹄"缩小到四尺，因此而有"鹄的"一词，指箭靶的中心；"正"又缩小到二尺，已经接近于靶心了，故名"正"，"不出正兮"意思就是说箭箭不离这二尺见方的靶心；但能射中"正"的人还不能称作神射手，因为还有四寸见方的"质"，这才是整张"侯"的最中心，也才是整张"侯"的本质。

　　白川静先生解释"侯"字的见解照例很别致，他认为"侯"不是象形字，而是会意字。甲骨文和金文字形的上部不是兽皮或布，而是房檐的形状，人在屋顶下面放箭，是一种驱除邪灵的仪式，这种仪式叫作"侯禳"。"禳"（ráng）是一种祈祷消除灾殃、去邪除恶的祭礼。我国古代的学者们通常认为"侯禳"的"侯"和"候"是通假字，"侯禳"即候嘉庆，祈福祥，却凶咎，宁风旱；还有的说是"候四时恶气禳去之"。

　　射侯结束之后，凡是射中的要赐酒爵，由此引申为天子赐予封地的就称为"诸侯"。这就是"侯"这个封号的来历，也因此有"侯爵"的称谓，同样指五等爵位的第二等：侯。这样的严格规定到了后世开始变得混乱，凡是有官职的士大夫都可以尊称为"侯"，比如"侯门"用来泛指富贵人家，侯门一入深似海，其实早已失去了封侯才能称"侯"的原意。

两个人坐在食器两旁进食

亲卿爱卿，是以卿卿；我不卿卿，谁当卿卿
——王戎妻

古代皇帝称呼自己的臣子为"爱卿"，"卿"字怎么会有这样的意思呢？我们来看看这个字的演变过程。

卿，甲骨文字形❶，这是一个会意字，中间是一个食器，两个人围坐在食器两旁共同进食，会意为飨食。甲骨文字形❷，两个人好像张大了嘴巴。甲骨文字形❸，两个人还伸出了手。最初造字的时候，飨、乡、卿其实就是一个字："飨"的本义是乡人相聚宴饮，此意义就是从"卿"的甲骨文字形引申出来的。因为宴饮时两人或多人要相对而坐，引申为相聚宴饮；"乡"通"向"，宴饮时要面向食器而坐，因此引申为"向"。造出了"飨"和"乡"之后，三个字的功能才分开。

"卿"从飨食的本义进一步引申为陪君王共食之人，这就是君王称臣子为"卿"的由来。金文字形❹，接近甲骨文。小篆字形❺，变成了一个形声字。

《说文解字》："卿，章也。"章是明理的意思，臣子通明达理。不过这是"卿"的引申义，而不是本义。能够陪君王共食，那当然是最高级别的官员了，因此古时的最高长官称为六卿，即天官冢宰、地官司徒、春官宗伯、夏官司马、秋官司寇、冬官司空。冢宰又称太宰，

❸ ❹ ❺

为六卿之首,掌国政,统百官;司徒掌土地和教化;宗伯掌宗庙祭祀;司马掌军政;司寇掌刑狱、纠察;司空掌工程。

六卿之上还有三公,即太师、太傅、太保,多为重臣加衔,以示恩宠,并无实职。三公的副手是少师、少傅、少保,这三个副手和六卿并列起来,共称九卿。这就是我国古代三公九卿官制的由来。

君王称臣子为"卿",这是第二人称,因此"卿"的这种称呼扩大开来,用于表示尊敬或者爱意的第二人称,比如秦末的宋义被楚王封为上将军,因为得宠,别的将领都称他为"卿子冠军"。"卿"和"子"连用,是当时人相互尊重的称呼用语,就如称"公子"一样表示尊敬。表示爱意的"卿",用于夫妻之间,最著名的就是成语"卿卿我我",这个成语出自《世说新语·惑溺》。"竹林七贤"中最年轻的名士叫王戎,王戎成婚后,妻子常常用"卿"来称呼他。古代男尊女卑,按照礼节,妻子称丈夫为"君","卿"本来是上对下的称呼,丈夫可以用来称呼妻子,妻子却不能称呼丈夫,所谓"贵人不可卿,而贱者乃可卿"。于是王戎就教训妻子说:"女人称丈夫'卿'不符合礼节,属于以下犯上,是不敬的表示,以后你别再这样称呼了。"

哪知王戎的妻子脾气很倔,当场给王戎来了一段绕口令:"亲卿爱卿,是以卿卿;我不卿卿,谁当卿卿?"意思是:我是因为亲你爱你,才叫你"卿"的,如果你不让我叫你"卿",那你想让谁叫你"卿"?言外之意是,难道让别的女人叫你"卿"不成?王戎一听哑口无言,此后只好听之任之了。

后来,王戎妻子这段"卿卿我我"的绕口令就变成了时髦用语,一直流传到今天,夫妻之间恩爱或者男女之间亲昵就开始使用"卿卿我我"来形容了。

《西厢记》清代佚名绘，绢本设色，美国弗利尔美术馆藏

  这幅画描绘了《西厢记》中张生与崔莺莺私会的情景。莺莺斜倚在一张黑漆描金桌边，张生随意坐在竹椅上，单膝跨着一边扶手，正在将花朵献给莺莺。二人已私订终身，四目相对，手指轻触，俯仰相就，做出调情的亲密姿态。立在椅边的是丫鬟打扮的红娘，她略带羞涩地注视着二人卿卿我我。黑漆桌上供着瓶花、佛手，透过一个月洞窗可以看到另一间内室，陈设同样十分华丽。

  画中精致细腻的人物描绘承袭晚唐风格，故而此画一度被归在周文矩名下，但服饰、家具均呈现明显的清代特色，尤其家具繁复精巧的装饰，类似于康雍年间流行的风格。此外作品构图还带有版画色彩，也许是用来进行木版雕刻的画稿？

卫

❶　　　　　❷　　　　　❸

卫士们围绕着城邑巡察守候

> 卫王官者，必居四角四中
> ——郑玄

"卫"这个字，从古至今使用最多的义项都是护卫，郑玄曾经解释过："卫王官者，必居四角四中，于徼候便也。"徼（jiào）候是巡察守候之意。这是一个极其复杂的汉字，但是其中也蕴含着非常有趣的信息。

卫，甲骨文字形 ❶，这是一个会意字，外围的四个拐角代表十字路口，也就是汉字的"行"字，中间是四只脚，代表把守路口的人。甲骨文字形 ❷，中间添加了一个人，代表守卫的对象，四只脚方向各异，分别朝向东西南北，守卫四方。郑玄所说的"卫王官者，必居四角四中"，从这两个字形中可以清晰地看出。甲骨文字形 ❸，这个字形很简略，除了十字路口和上面的一只脚之外，下面添加了一个表示先民聚居之城邑的字符，不仅仅守卫人，还要守卫城邑。

卫，金文字形 ❹ 和 ❺，这两个字形既美丽又直观，中间的方形和圆形代表城邑，四周是四只脚，呈逆时针方向，这就是郑玄说的"徼候"，卫士们围绕着城邑在巡察守候。金文字形 ❻，还是由十字路口、两只脚和城邑组成。小篆字形 ❼，变得异常复杂，除了十字路口、两只脚、城邑之外，下面又添加了一个"帀"。"帀"

❹ ❺ ❻ ❼

可不是钱币的"币",而是读作 zā,通"匝",周遍的意思,形容严严密密地将城邑护卫了一周一遍。因此,正确的写法是"衞",现在通用的"卫"只是俗字而已。

《说文解字》:"卫,宿卫也。"最早的时候,"卫"专指在宫禁中担任警卫,要住宿值夜,故称"宿卫"。有趣的是,箭上的羽毛也称"卫"。东汉学者王充所著《论衡·儒增篇》中载:"楚熊渠子出,见寝石,以为伏虎,将弓射之,矢没其卫。"东汉学者刘熙在《释名·释兵》中解释说:"(矢)其旁曰羽,如鸟羽也。鸟须羽而飞,矢须羽而前也。齐人曰卫,所以导卫矢也。"其实,箭上的羽毛之所以叫"卫",是因为羽毛紧簇在箭身周围,就好像护卫着箭身一样。

最为奇特的是,"卫"竟然还是驴的别称!唐人李匡乂在《资暇集》中声称是因为驴子长得像卫士,故有此称。但驴子怎么会长得像卫士呢?这不过是道听途说,牵强附会之言罢了。明人王志坚在《表异录》中总结了前人的各种说法:"驴曰卫子,或言卫地多驴,故名;或言卫灵公好乘驴车;或言卫玠好乘跛驴。"卫玠是晋代著名美男子。这几种说法中只有"卫地多驴"最有说服力,正如宋人孙奕所著《履斋示儿编》"因物得名"一节说:"世有所出、所嗜、所作,因以冠名者多矣……偻句之地出龟,则名龟曰偻句;蔡地出龟,则名龟曰蔡;冀北出良马,则名马曰骥;卫地出驴,则名驴曰卫。"

周武王灭商后,封弟弟康叔于卫,国号即为"卫",就像"卫"字的字形一样,卫国牢牢地守护着周王朝,成为周王朝的重要屏障。卫国灭亡后,以国为氏,这就是卫姓的来源。

《烧红叶暖酒的官女》(紅葉を焼いて酒をあたためる官女たち)

铃木春信绘·约1768—1769年

铃木春信(1724—1770),日本江户时代中期浮世绘画家,首创多色印刷版画,即"锦绘",以美人画最著名。他笔下的少女大都清秀婀娜,轻盈优雅,时人称为"春信式"美人。这幅作品中还用到了"空摺法",即不施色彩,通过压印产生凹凸效果来表现衣服的肌理和褶皱。这也是春信喜欢的手法。

这幅画中,两名作宫廷卫士打扮的女子正在烧红叶暖酒。这个极具故事性的画面出自一个皇家典故。据《平家物语》记载,高仓上皇即位之初,年仅十岁左右,非常喜欢红叶,曾叫人在宫禁北门之外种起一座红叶山,日日来观赏。有一晚狂风大作,红叶遍地狼藉。守门的卫士们就用这些红叶作了暖酒的燃料。次日天皇临幸,见红叶踪影全无,问清缘由,不怒反笑,说道:"诗云:'林间暖酒烧红叶。'这是谁教他们的?倒是风雅得很哩!"

❶ ❷ ❸

带尾饰、受过刑的奴隶手持簸箕扬米去糠

仕于公曰臣，仕于家曰仆 ——《礼记》

在汉字简化之前，"仆"和"僕"是两个不同的字。《说文解字》："仆，顿也。"头向前着地倒下叫"仆"。本文讲的是仆人之"僕"。

僕，繁体字"僕"，甲骨文字形 ❶，这是一个非常复杂的会意字，同时又栩栩如生地反映了古代奴仆所从事的工作。先来看右半部：中间是一个人；左下角的弧形线条代表腿；身前双手交叉；头部上面是"辛"，"辛"为刑刀，表示这个人曾受过刑，徐中舒先生认为这把刑刀即"剞劂（jī jué）"，雕刻所用的刀具，"以示其人曾受黥刑"，黥（qíng）刑即在脸上刻字涂墨；最奇特的是右下角指称奴隶身份的羽毛状尾饰，也有人说这是表示奴仆无衣蔽体。

再来看左半部：很明显这是一个簸箕之形，但簸箕里面的五个黑点代表什么呢？罗振玉先生释为粪弃之物；马叙伦先生说像粪土之形；张舜徽先生则认为这五个黑点像米，乃奴仆双手持簸箕扬米去糠之形，并引《说文解字》"簸，扬米去糠也"来证明。此说最有说服力。

僕，金文字形 ❷，左边是人形，下面是两只手，刑刀上面是簸箕，省去了扬米去糠的动作。金文字形 ❸，

❹　　　　　　　　❺　　　　　　　　❻

下面变成了两个"子",连刑刀都省去了。金文字形❹,簸箕变形得厉害,这个字形为小篆的讹变打下了基础。金文字形❺,上面添加了一个屋顶,表示是在屋子里面工作。小篆字形❻,簸箕之形讹变为"菐"(pú)。

《说文解字》:"仆,给事者。"给事即办事,正如张舜徽先生所说:"古者俘获之奴以之执事于家,或事种艺,或事簸扬,无人身自由,但附著于人,因谓之仆。"古时将人分为十等,除了王、公、大夫、士这四等统治阶层之外,包括奴隶在内的下等人则分为六等:皂(养马者),舆(赶车者),隶(服官役者),僚(出苦力的役徒),仆,台(家奴中最低贱者)。其中"仆"是第九等,仅比"台"高一个等级,可见地位之低下。

其实"臣"最初也是男性奴隶的称谓。《礼记·礼运》篇引述孔子的话说:"仕于公曰臣,仕于家曰仆。""公"指诸侯,仕于诸侯称"臣";"家"指卿大夫,仕于卿大夫称"仆"。这就是在国君面前自称"臣",以及古代男子谦称自己为"仆"的由来。

鲜为人知的是,最早的时候,仆人并不是指在家庭里侍候主人的人,而竟然是朝廷中的一种官职!《周礼》中有"射人"一职,职责之一是"大丧,与仆人迁尸",周天子死后,射人和仆人一起为周天子迁移尸体。郑玄解释说:"仆人,大仆也。仆人与射人俱掌王之朝位也。""大仆"即"太仆",是周天子的亲近之官,负责掌管周天子的衣服和起居,由此后世才引申指家庭中的仆人。

以手持『干』捕猎

动则左史书之，言则右史书之。——《礼记》

"史"就是历史，是对已发生过的事实的记载。已发生过的事实，无非言、行两种，这一点古人区分得非常清楚。我们来看看这个"史"字到底是怎样记载过去的言、行的。

史，甲骨文字形❶，这是一个会意字，右下方是一只手，毫无疑义，这只手持着的到底是什么东西呢？先来看许慎的解释。《说文解字》："史，记事者也。从又持中。中，正也。"许慎认为这只手持的是"中"，会意为中正记事。白川静先生也认为手持的是"中"，但他说这个"中"是指旗杆上绑着"置有祷辞的祝咒之器"，"史"义示右手高举绑有此器的木杆，祈拜神灵，因此"史"的本义是"先王之祭"。冯时先生也认为"史"字"实为手执灵旗之形"，"其本义即奉旗兵祷"。

以上解释都是错误的，错误的原因就在于将手持的东西误认作"中"，但"中"的甲骨文字形与此字形不符，只是形状相近才导致了误认。

张舜徽先生总结了历代学者的观点：有说手持的东西是簿书，有说是简册，有说是"盛筭之器"（"筭"即计算所用的筹码），有说是"作书之笔"。谢彦华根

据《礼记·曲礼上》中"史载笔"的记载,认为这个手持的东西乃是"笔"的省写,"笔"是后出字,最初写作"聿"。但"聿"的甲骨文字形也与此字形不符。张舜徽先生进而提出自己的见解,他认为这个手持的东西是"龟"的古字的省写和伪写,"由传写之人贪省笔以轻其功",而"远古记事,契龟为先,史字实象之矣"。

以上种种解释都颇为勉强。徐中舒先生认为这个手持的东西是"干"的简化,"干"是上端有权的捕猎器,"史"的字形将上端的权省去。"古以捕猎生产为事,故从又持干即会事意。"因此他认为"史"乃是"事"字的初文。

徐中舒先生的解释最有说服力。甲骨卜辞中有"在北,史有隻(获)羌""在北,史亡其隻(获)羌"的记载,王力先生认为"史"是官名:"殷代有史,为驻守边疆的武官。"此武官在西部边疆捕获羌人,正是"史"字以手持干捕猎的形象写照。左民安先生说:"'史'字的本义是指管理狩猎或记录猎获物的人,后来引申为记录国家大事的人叫'史官'。"此说大致不差。

史,甲骨文字形❷,大同小异。金文字形❸和❹,更像"干"形。小篆字形❺,紧承甲骨文和金文字形而来。楷书字形则完全看不出造字的本义了。

《礼记·玉藻》中说:"动则左史书之,言则右史书之"。这是说天子的举动由左史记录，《春秋》即此类；天子的言行由右史记录，《尚书》即此类。《左传·襄公二十五年》："大史书曰：'崔杼弑其君。'"孔颖达解释说："是大史记动作之事，在君左厢记事，则大史为左史也。"《左传·僖公二十八年》："王命尹氏及王子虎、内史叔兴父策命晋侯为侯伯"。孔颖达解释说："是皆言诰之事，是内史所掌在君之右，故为右史。"记言，记行，乃是"史"的两大职责。

医

士兵防御时被箭或兵器所伤

医不三世，不服其药
——《礼记》

❶

今天使用的"医"是繁体字"醫"的简化字，但很多人可能并不清楚，其实最初造出来的就是"医"这个字，"醫"则是后来繁化的结果。这个字繁化的过程，同时也是"医"的功能细节化呈现的过程。

医，甲骨文字形❶，里面是"矢"，一支箭，外面是三面封闭、一面开口的容物之器。《说文解字》："医，盛弓弩矢器也。"许慎引述《国语·齐语》"兵不解医"一语，罗振玉先生认为"医"乃"蔽矢之器，犹御兵之盾然"。所谓"兵不解医"，是指不打开装有兵器的匣子，表示不再进行战争。按照他的释义，"医"就像防御兵器的盾牌一样，同样是防御箭矢的类似盾牌的器具。

白川静先生则在《常用字解》一书中认为"'医'表示向'匚'（隐蔽处）内投入'矢'，以祓除恶灵"。也有学者认为这个字形里面不是"矢"，而是医用的石镞、石针或砭石。

不过，对照"疾"字来看，"疾"指箭伤，那么"医"里面的"矢"不可能指砭石之类医用工具，也应该指士兵防御时被箭所伤，能够治疗箭伤者即为"医"。

医，金文字形❷，右边添加了一个"殳"，以手持

027

❷

❸

械之形。同样有学者认为这是手持石针或砭石进行针灸之意,白川静先生则认为"'殹'为箭矢加上'殳'(有投射之义)之字,大声吆喝着发出箭矢,用箭矢之力祓除恶灵。疾病皆为恶灵作祟所致,所以,祓除恶灵被考虑为根治疾病的手段"。

不过,更有说服力的观点,应该还是指除了箭伤之外,同时也为兵器所伤,"殳(shū)"就是一种竹制或木制、起撞击作用的兵器。因此,"殹"既指箭伤和兵器之伤,也指能够治疗这两种伤的医者。

医,小篆字形❸,下面又添加了一个"酉",表示酒,《说文解字》释义为"酒所以治病也",酒有活血化瘀和麻醉作用。还有一种写法,加"巫"为"毉",这是因为上古时期巫、医不分的缘故。白川静先生则有这样的辨析:"祓除恶灵、治疗疾病者为'巫','殹'下加上'巫'为'毉'。后来,用酒处理伤口,酒又有兴奋之效,故'殹'下加上'酉'(酒樽之形)构成'醫'。'医'是'醫'、'毉'的简体字,不过,最初开始使用的是'医'。'殹'为射箭发出的吆喝声。"

《说文解字》:"醫,治病工也。"今天最常使用的"医生"一词源于唐代,本义是指在太医署学习医术的学生。

古人对医者的要求非常严格,《礼记·曲礼下》篇中甚至有"医不三世,不服其药"的记载,一种说法是"父子相承至三世",另一种说法是要熟习黄帝《针灸》、神农《本草》、素女《脉诀》这三世医书。

《关羽割臂图》（関羽割臂図）

葛饰应为绘，绢本设色，美国克利夫兰艺术博物馆藏

葛饰应为（约1800年前后—1857年后），江户时代女性浮世绘师，浮世绘巨匠葛饰北斋的三女儿，本名"阿荣"（假名：お栄）。她性情豪放不羁，一生追随父亲，醉心于绘画。因擅长光影明暗的运用，后世尊称她为"光之浮世绘师"。

这幅鲜血淋漓的"肉笔绘"立轴描绘的是《三国演义》中著名的情节"刮骨疗毒"。大将关羽右臂为流矢所中，后创虽愈，每至阴雨，骨常疼痛。名医华佗说需刮骨去毒，此患才除。关羽便伸臂令医劈之。佗乃下刀，割开皮肉，用刀刮骨，悉悉有声。帐上帐下见者，皆掩面失色。公饮酒食肉，谈笑弈棋，神色自若。须臾，血流盈盆。画面对情节的还原度很高，失色掩面的众人，谈笑自若的关羽，盛满鲜血的大盘，色调斑斓，令人眼花缭乱，具有强烈的视觉冲击力。

卑

手持杵棒筑墙服劳役

> 卑之，毋甚高论
> ——《汉书》

❶

"卑"这个字很奇特，从字形上完全看不出跟卑贱、卑鄙等词义有任何关系。那么，它为什么会具备这样的义项呢？

卑，甲骨文字形❶，由上下两个部分组成，下部是"又"，即右手，上部到底是什么东西呢？古往今来的学者们在此发生了激烈的争论。金文字形❷，下部是左手，上部的左边添加了一短横。小篆字形❸，上部可以看出变形得很厉害。

《说文解字》："卑，贱也，执事也。"而且认为从左手从甲。徐锴沿袭了许慎的释义，并进一步加以解说："右重而左卑，故在甲下。""卑"的小篆字形下部是一只左手，古人以右为尊，以左为卑，因此徐锴才附会为"右重而左卑"，但"卑"的甲骨文字形的下部却明明是一只右手，金文字形中更是左、右手换来换去，没有一定之规。

那么，按照徐锴的解说，为什么卑贱的左手要位于"甲"下呢？徐灏在《说文解字注笺》中说："甲乙之次甲为尊。"因此左手要位于"甲"下。王筠则在《说文句读》中说："甲像人头，尊也。"而左手位于这颗

❷

❸

尊贵的人头之下,因此称"卑"。

这些解释都是错误的,错误的源头在许慎。许慎误将小篆字形的上部认作"甲",而甲骨文中"甲"的写法与"卑"的上部字符迥然不同。这就是造成错误的根本原因。

那么,"卑"的上部这个字符到底代表什么呢?

朱骏声在《说文通训定声》中认为"卑"是"椑"的古字。"椑(pí)"是椭圆形的盛酒器,又叫"椑榼(kē)","卑"的甲骨文字形就像用左手持着盛酒器,来为客人添酒。但不合常理的是,这个盛酒器未免举得过高,而且酒器中既然盛满了酒,应该用双手捧着才对,一只手怎么能够举得动?

张舜徽先生在《说文解字约注》一书中则认为"卑"字的上部是"田",他说:"从田从又,实会执事田地之意。手在田地操作,人身则蹲踞在地,此卑下义所由生也。引申为卑贱。"但"卑"的甲骨文字形中上部的"田"字,中间的一竖往下出头,金文字形中左边还有一短横,实与"田"之形不符。

白川静先生在《常用字解》一书中认为"卑"乃"匙形加'又'之形":"'又'形示手,因此'卑'形示手持带柄之匙。大匙之形为'卓',有卓越、优秀、高贵之义。手持小匙之形为'卑',因此,有卑下、低下、微小、卑屈之义。借匙的大小之别表现高卓与卑下。"这里的"匙"可不是今天说的钥匙,在古代,"匙"是食器,盛食物的器具。"匙"有长柄,上部"田"字下面出头的部分固然可以视为匙柄,但将上部的字形视为"匙"形却没有任何相像之处,更别说什么大匙、小匙了。

林义光在《文源》一书中的解释最具说服力。他认为"卑"的字形上部乃是"缶"的变形。"缶（fǒu）"的本义是用杵棒捣泥,用来制作瓦器,而杵棒的另一个作用是筑墙、筑堤时用来夯实泥土。因此"卑"的整个字形会意为手持杵棒筑墙,引申为服劳役,也就是许慎所解释的"执事",从事某一项工作;相应地,执事者也称为"卑",指供役使的仆从。"卑"的本义即指供役使、为主人工作的仆从,这也是"卑"用作谦辞的由来。

有趣的是"卑之无甚高论"这个成语。据《汉书·张释之传》载,中郎将爰盎向汉文帝推荐张释之,"释之既朝毕,因前言便宜事。文帝曰：'卑之,毋甚高论,令今可行也。'"

张释之朝见完毕,上前对汉文帝陈说利国利民的大道理,汉文帝一听,打断他,说："低下一点,说些接近现实生活的道理,不要空发议论,说的话立刻就能实行。"颜师古注解说："令其议论依附时事也。"

这句出自汉文帝之口、对张释之的告诫之辞,到了后来,竟成为"我没有什么高明的见解和议论"的自谦之词!汉语的演变真是神奇!

奚

手持绳索拘押罪人

奚来白马
——甲骨卜辞

❶ ❷

"奚"这个字，今天除了当作姓之外已经很少使用。鲜为人知的是，这个字在古代竟然是奴隶的称谓！

奚，甲骨文字形❶，下面是一个正面站立的人形，人的头上是一条绳子，左上角是一只手，整个字形正如同罗振玉先生所说"从手持索以拘罪人"，手持绳索拘押罪人。金文字形❷，没有任何变化。金文字形❸，上面省掉了那只手，清末学者吴大澂据此字形认为像"女奴戴器形"，即女奴头顶器皿，但其实上面还是绳索的形状。小篆字形❹，除了那只手移到了顶部之外，整个字形与甲骨文和金文几乎一模一样。

《说文解字》："奚，大腹也。"许慎没有见过甲骨文，这个解释让人摸不着头脑，哪里像腹大之形了？

白川静先生在《常用字解》一书中认为："'奚'形示留蓄辫发的男式发型——剃去周边的头发，只留下头顶部分的头发，然后编成细长的辫子，因此'奚'指细长的东西。"

徐中舒先生在《甲骨文字典》中说："像以手牵揿罪隶发辫之形。"他也认为"奚"上面的字符应该是"头上有编发"的形状，但释为绳索之形更加合理。"揿

❸ ❹

通"扼",捉持之也。

张舜徽先生在《说文解字约注》一书中总结说:"上世奴隶主之驭制奴隶,至为惨忍。恐其逃逸恒用绳索拘系之,如今之驭牛马然。奚字实象其事。近世边陲土司,犹有以牵系人督之劳作耕植者,盖其遗风也。奚本为系人之名,因亦称所系之人为奚。"以古今对照,因此这是最具说服力的释义。

《周礼》中屡有以"奚"为奴的记载,比如"酒人,奄十人,女酒三十人,奚三百人"。"酒人"指掌管造酒的官员;"奄"即阉人,因为要同女奴一起工作,因此用阉人。女酒,郑玄注解说:"女奴晓酒者。"懂得造酒技术的女奴。

郑玄又如此注解"奚":"古者从坐男女,没入县官为奴,其少才知,以为奚,今之侍史、官婢。或曰:'奚,宦女。'""从坐"即连坐,指因别人犯罪而受牵连的男女。宦女,一说"宦"乃服侍之意,"宦女"即服侍的女子;一说"宦女"对应于"宦人",指受幽闭之刑的女子。不管怎样,周代的"奚"属于官婢,因罪没入官府作奴婢的女子,而且还必须是其中"少才知"者,即缺乏才智的女奴称为"奚"。

又比如,周代有"禁暴氏"一职,掌管禁止庶民暴乱的官员。禁暴氏的职责之一是:"凡奚隶聚而出入者,则司牧之,戮其犯禁者。"郑玄注解说:"奚隶,女奴男奴也。"则"奚"为女奴,"隶"为男奴,古时将差役、衙役等官府的低级小吏称作"隶",即由此引申而来。

于省吾先生则认为"奚"应是来源于族名或方国名,甲骨卜辞中有"奚来白马"的记载,指奚族或奚国向商王朝进贡白马。后世史书中也屡有奚族的记载,南北朝时称"库莫奚"。因此,蒙古族学者泰亦赤兀惕·满昌所主编的《蒙古族通史》中写道:"商代的'奚奴',可能就是后世胡奴系奚族的祖先。他们被商王朝俘虏后,转而为奴隶。所以,'奚奴'是以族称命名的奴隶,是为王室、贵族家庭使唤的奴隶,是属于家奴一类的。"

由此可知,"奚"作为奴隶,在商王朝时属于家奴,到了周代则用于女奴的专称,而且属于官婢。

不过,后来不管男奴、女奴一概称作"奚"或"奚奴",不再有性别的区分。李商隐在著名的《李贺小传》中记载道:"恒从小奚奴,骑距驉,背一古破锦囊,遇有所得,即书投囊中。""小奚奴"显然指小僮仆,男孩子。李贺真有个性,出门骑的居然是一头"距驉"!"距驉"同"駏驉(jù xū)",似骡而小,由雌骡和雄马交配而生。

臧

在俘虏或奴隶的脸上刺字涂墨的黥刑

骂奴曰臧，骂婢曰获 ——扬雄

❶

❷

"臧"在今天是一个极其生僻的汉字，除了作为姓和"臧否（褒贬）"一词之外，几乎再也没有使用的场合了。不过这个字古时的义项却十分奇特，乃是奴隶的称谓。

臧，甲骨文字形 ❶，左边是一只大眼睛，即"臣"字，"臣"指男性奴隶；右边是一把戈。徐中舒先生在《甲骨文字典》中解释说："像以戈击臣之形。"左民安先生则在《细说汉字》中解释说："戈刺入目。上古战俘往往被刺瞎一只眼睛，沦为奴隶。"不过这个字形很可能是指黥刑，指在俘虏或奴隶的脸上刺字并涂墨，作为标记；因此，戈刺入目很可能只是黥刑的示意，以目代面，其实是在脸上刺字涂墨。

臧，金文字形 ❷，与甲骨文一模一样。金文字形 ❸，下面用"口"代替了"目"，上面变成了"戕"，从而变成了一个从口从戕的形声字。小篆字形 ❹，又返回到甲骨文字形的写法，从臣从戕。

《说文解字》："臧，善也。从臣，戕声。"这只不过是引申义，"臧"的本义即是男性奴隶。张舜徽先生在《说文解字约注》一书中解释说："臧之本义为奴隶，

而许君释之为善者，盖谓其性驯善可役使也。"杨树达先生在《积微居小学述林》中也说："为奴者不敢横恣，故臧引伸有善义。"

扬雄所著《方言》中写道："荆淮海岱杂齐之间，骂奴曰臧，骂婢曰获。齐之北鄙，燕之北郊，凡民男而婿婢谓之臧，女而妇奴谓之获；亡奴谓之臧，亡婢谓之获。皆异方骂奴婢之丑称也。"

这里记载了两个地方的方言，一是"荆淮海岱杂齐之间"，大致在今江淮、山东一带，此地将男性奴隶称作"臧"，将女性奴隶称作"获"。一是"齐之北鄙，燕之北郊"，大致在今山东和河北北部。所谓"男而婿婢谓之臧"，是指娶婢为妻所生的子女蔑称为"臧"；所谓"女而妇奴谓之获"，是指嫁给男性奴隶所生的子女蔑称为"获"。此地又将逃亡的男性奴隶蔑称为"臧"，将逃亡的女性奴隶蔑称为"获"。

"获"本指战争中的俘虏，用为奴隶；"臧获"连用，也指奴隶。

杨树达先生说："臧当以臧获为本义，臧为战败屈服之人，获言战时所获，《汉书·司马迁传》注引晋灼云：'臧获，败敌所被虏获为奴隶者。'"

这句引文出自司马迁的《报任安书》，其中说："且夫臧获婢妾，犹能引决，况若仆之不得已乎？"意思是说：臧获婢妾尚且懂得自杀，何况我这样到了不得已的地步呢！这是形容司马迁所受的宫刑。"臧获"与"婢妾"对举，可见都是奴隶的称谓，但"臧获"是专指"败敌所被虏获为奴隶者"。

《列女传》卷十插图 "罗夫人"
西汉刘向撰，明代汪道昆增辑，明万历时期刻，
清乾隆四十四年（1779）鲍氏知不足斋刊本

《列女传》原为刘向所撰，记叙自上古至西汉女性事迹，以为闺范。此本经明代文学家汪道昆（1525—1593）增补，共收录三百余人，每人配版画一幅，题作仇英绘图，徽工镌板，线条流畅、细腻，为明代版画精品。

这幅插图画的是宋代杨万里的夫人罗氏善待奴婢的故事。罗夫人年七十余，寒月黎明即起，诣厨作粥，令奴婢遍饮，然后使之服役。其子东山启曰："天寒，何自苦如此？"夫人曰："奴婢亦人子也。清晨寒冷，须使腹中有火气，乃堪服役。"昔年陶渊明曾遣一力（男仆）给其子，信中说："此亦人子也，可善遇之。"罗夫人颇有陶渊明之风。

童

将犯人用刀剃发并刺伤眼睛

花前自笑童心在，更伴群儿竹马嬉。
——陆游

　　一个人年龄大了，但童心犹在，比如陆游的诗："花前自笑童心在，更伴群儿竹马嬉。""童"字今天使用最多的义项是儿童，但造字之初的意思可完全不同，而且还引申出一些非常有趣的义项。

　　童，金文字形❶，这个字形由三部分组成：头上是一把刑刀，中间是眼睛，下面是一个两端扎起口的布囊。金文字形❷，三个部分的字符更加清晰，最下面的"東"字就是布囊的形状。金文字形❸，变得更加复杂，下面又添加了一个"土"。小篆字形❹，在金文的基础上有所简化。

　　《说文解字》："童，男有罪曰奴，奴曰童，女曰妾。"这是一个会意兼形声的字，金文字形下面的"東"表声，上面的"辛"和"目"组合在一起，会意为用刑刀剃发和刺伤眼睛。这是古代的髡刑和黥刑。"髡（kūn）刑"是剃发，"黥刑"是刺伤眼睛后，再在额上刺字涂墨，以标记犯人身份。因此，"童"指受刑的人，这类人通常用作奴隶或仆婢，"童"的本义就是男性奴隶。也有学者认为受刑的人背着行囊，来会意为奴之意。《周礼》中规定："其奴，男子入于罪隶，女子入于舂槁。""罪

❸　❹

隶"指罪人家属的男性没入官府为奴;"舂槁"是舂人和槁(gǎo)人的合称,这是两种官职,舂人掌管祭祀、吃饭时需要的大米,槁人掌管闲散官员的饮食,女奴为这两种官员工作,负责舂米和打杂。

男性奴隶怎么会引申为儿童之意呢?男性奴隶和儿童一样都不结发髻,因此引申为未成年的童子、儿童。为了区别这两个义项,后来当作奴仆讲又造了一个"僮"字,"童"就专指儿童了。

如今还在使用的"童蒙"一词,指幼稚蒙昧。年龄稍大的儿童称"成童",有说八岁以上,有说十五岁以上,说法不一。有趣的是"小童"这一称谓。《论语·季氏》:"邦君之妻,君称之曰夫人,夫人自称曰小童"。国君称妻子为夫人,但是妻子必须自称"小童",这是因为男权社会中男尊女卑,国君的妻子也只能以仆自比。《左传·僖公》:"凡在丧,王曰小童,公侯曰子。"国君居丧时也要自称"小童",这是相对父母而言。"小童"的这两种称谓都是从"童"字的本义而来。

六朝时有"繁华子""繁华童"这样的流行词语,都是指美少年。沈约有诗:"洛阳繁华子,长安轻薄儿。""既美修娪女,复悦繁华童。""修娪(hù)"是美好的意思。有人认为"繁华子"和"繁华童"都是男色或娈童的代名词。以"繁华"命名,大概与六朝乱世,人生如飘蓬,因此而颓废糜烂的风气相关吧。

"童"既指幼小未成年,又引申出无草木为"童",不生草木的山叫

"童山"。牛羊等动物未生角或无角也叫"童",有个如今已不常用的成语叫"童牛角马",无角之牛和有角之马,世间哪里有这样的牛马呢?因此比喻为根本不存在的事物。"童"又引申出处女或童男的贞操之意,比如童男童女。

禄

用辘轳汲水灌溉保丰收

> 上贤禄天下，次贤禄一国，下贤禄田邑
> ——《荀子》

❶

❷

福、禄常常连用，比如福禄双全，形容福分和爵禄通通都齐备了。那么"禄"为什么会有这样的含义呢？

禄，甲骨文字形❶，这是一个会意字，上半部代表辘轳的形状，辘轳把水桶或汲水器吊进井中打水，水滴四溅，以此形象会意，会意为汲水灌溉保丰收之意。《说文解字》："禄，福也。"丰衣足食即为福和禄，这是古人最朴素的人生追求。甲骨文字形❷，汲水器好像提了起来，水滴的样子更加形象。金文字形❸，结构同于甲骨文。小篆字形❹，左边添加了一个偏旁"示"，《说文解字》："示，天垂象，见吉凶，所以示人也。"吉凶之事示于人就要举行祭祀活动，因此凡是"示"字旁的字大都与祝愿、鬼神、祭祀之事有关。"禄"字加上"示"这个偏旁，不仅使"禄"字变成了一个形声字，而且也预示着丰收之后还要按时祭祀，或者表达对丰收的祝愿之意。

最早的时候，福、禄不分，因此两个字可以互训，福就是禄，禄就是福，这是古人训诂常用的手法。后来两个字的含义才加以区分，"禄"引申为官员所得的俸禄，与抽象的福分、福运的意思彻底区别开了。《周礼》中制定了君王驾驭群臣的八种权术："一曰爵，以驭其贵；

二曰禄,以驭其富;三曰予,以驭其幸;四曰置,以驭其行;五曰生,以驭其福;六曰夺,以驭其贫;七曰废,以驭其罪;八曰诛,以驭其过。"贾公彦解释道:"禄,所以富臣下。"意思就是臣下该得的俸禄。

荀子曾经从理想主义的角度描述过贤士应得的俸禄:"上贤禄天下,次贤禄一国,下贤禄田邑"。意思是说,最高等的贤士应该以天下的财货为俸禄,次一等的贤士应该以一国的财货为俸禄,最下等的贤士应该以小小一块田邑的财货为俸禄。古人做官依赖俸禄为生,因此他们把那些在其位不谋其政,仅仅是为了领取俸禄,尸位素餐的官员称作"禄蠹"。南北朝时还有一种独特的俸禄叫"干禄","干"指地位低下的官吏和被役使的奴隶。权贵和高级官吏向他们收取可以免除兵役或劳役的绢,用以补充俸禄之不足,其实是一种苛捐杂税。流风所及,以至于权贵们的仆人、宦官、胡人、歌舞艺人、奴婢,甚至宠物狗、马、鹰、斗鸡都各有封号,享用的就是这种干禄。

《礼记·曲礼下》规定:"天子死曰崩,诸侯曰薨(hōng),大夫曰卒,士曰不禄,庶人曰死。"其中最有意思的是,士之死名为"不禄"。这里用的就是"禄"的本义,即福气、福分、福运。郑玄解释"不禄"为"不终其禄",没有福气继续当官了!把"不禄"解释为没有福气还有一个旁证,《礼记·曲礼》规定夭折也叫"不禄",当然是没有福气继续活着的意思。士是贵族阶层中最低的一个等级,从"不禄"的称呼中也可以看出来地位之低下,仅仅比普通老百姓的"死"高出一个等级。

寺

用手和脚来计量尺寸

南朝四百八十寺，多少楼台烟雨中
——杜牧

❶ ❷ ❸

晋代之前，"寺"和"庙"不能连用，因为这是两处功能截然不同的场所。先说寺，金文字形❶，这是一个会意字，下面是一只手，上面是"止"就是脚。古人最早就是拿脚来计量尺寸，上面的脚表示要按照一定的尺寸，当行则行，当止则止。段玉裁解释得很清楚："步必积寸为之。"金文字形❷，下面就是"寸"字，那只手下面的一横表示手腕下一寸之处。小篆字形❸，接近金文。

《说文解字》："寺，廷也，有法度者也。""步必积寸为之"，就是要按照一定的法度来行事，因此"寺"的本义就是有法度。什么地方有法度？什么地方制定和管理法度呢？毫无疑问是官署，因此许慎又解释为"寺，廷也"，朝廷的官署就称作"寺"。秦汉时中央的行政长官共有九个，叫九卿，九卿上班的地方就叫作九寺，分别是：太常寺、光禄寺、卫尉寺、宗正寺、太仆寺、大理寺、鸿胪寺、司农寺、太府寺。不过也有学者认为"寺"是"持"的初文，"寺"的金文字形表示"站到那里听候使唤，操持杂务之意"。官中的近侍小臣操持的就是这种杂务，而近侍小臣多以阉人充任，因

❹ ❺ ❻

此此类小臣和宦官也称"寺"或"寺人"。

至于把佛教庙宇称作"寺"起始于东汉明帝时期。据《洛阳伽蓝记》载,有一天夜里汉明帝梦见了一尊高约一丈六的金神,于是派遣使节前往西域求取佛经和佛像,用白马驮经而回,随同而来的还有两位印度僧人。一行人中有外宾,因此先到接待外宾的鸿胪寺歇脚。后来汉明帝下令在首都洛阳建造了第一座佛教寺院,因是白马驮经,又因为最先在鸿胪寺落脚,故称"白马寺"。从此之后,佛教庙宇才开始以"寺"命名。

再说庙,金文字形❹,上面的"广"跟今天的意思完全不一样,是指很高的房屋。下面是个"朝"字,"朝"字的左边,上下为草,中间是日,右边是水的形状,意思是太阳从长草的地面升起时,潮水也跟着上涨了,因此"朝"字会意为早晨,又引申为朝廷,因为皇帝要上早朝。"朝"的甲骨文字形❺,右边为"月",会意为太阳从长草的地面升起时,月亮还没有完全隐退,因此也可以会意为早晨。

《说文解字》:"庙,尊先祖貌也。"段玉裁解释说,古时候的庙是用来祭祀先祖而不是祭祀神的,为神立庙是夏商周三代以后的事儿。庙,小篆字形❻,接近金文,而右边稍有变异。那么"庙"这个字的下面为什么是个"朝"字呢?段玉裁解释道:"谓居之与朝廷同尊者,为会意。"意思是平民百姓也像朝廷一样要祭祀自己的祖先,如此一来,"庙"就是个会意字,而不是许慎所说的形声字。

"庙"的本义是宗庙，供奉祭祀祖先的场所。宗庙的正殿称"庙"，后殿称"寝"，合称"寝庙"。孔颖达解释道："庙是接神之处，其处尊，故在前；寝，衣冠所藏之处，对庙为卑，故在后。但庙制有东西厢，有序墙，寝制唯室而已。故《释宫》云'室有东西厢曰庙，无东西厢有室曰寝'是也。"这段话说得很明白："庙"的建制完备，正殿有东西厢房和东西墙，"寝"则只有室，收藏保存着祖先的衣冠。从这里引申出来，把王宫的前殿和贵族住房的前厅也称作"庙"。

　　由此可知，"庙"是祭祀祖先、供奉神位的私人场所，而"寺"是佛教信徒拜神的公共场所。大概因为二者都是拜神的场所，到了西晋末年，"寺"和"庙"连用，成为佛教庙宇的通行称谓。当时有位来自西域龟兹的高僧叫佛图澄，本想在洛阳建造寺院，不料遭逢战乱，后来被后赵皇帝石勒所礼遇，呼为"大和尚"。佛图澄学识渊博，道德高尚，门下受业者常有数百人，前后门徒近万人，而且所到州郡，皆立佛寺，共八百多所，弘法的盛况，在中国历史上罕有其匹。据《晋书》记载："百姓因澄故多奉佛，皆营造寺庙，相竞出家。"从这时起，"寺庙"成为佛教寺院的通行称谓，一直沿用到了今天。

《唐人诗意山水册》之一
清代项穆之绘，纸本设色，北京故宫博物院藏

    项穆之，一字莘甫，清代上元（今南京）人，擅画山水。《唐人诗意山水册》共十开，皆以唐人诗意入画，淡秀清雅。
    这幅描绘的是唐代诗人常建的名作《题破山寺后禅院》："清晨入古寺，初日照高林。曲径通幽处，禅房花木深。山光悦鸟性，潭影空人心。万籁此俱寂，惟闻钟磬音。"此诗古朴清警，历来备受称赏。
    画面上，诗人携一仆，正穿过曲折甬路，向花木深处一所僻静禅院行去。破山寺即常熟兴福寺，位于虞山之麓，创自南齐，为邑人郴州刺史倪德光舍宅为寺，唐代重建，为江南名刹之一。寺内现有"三绝碑"，碑上为清代雕刻家穆大展刻宋代书法家米芾手书常建此诗作。

天

正面站立的人突出的头顶

接天莲叶无穷碧，
映日荷花别样红。
——杨万里

❶

❷

杨万里有诗："接天莲叶无穷碧，映日荷花别样红。"不过"天"当作"天空"解是后起义，本义并非如此。

天，甲骨文字形 ❶，这是一个象形字，像一个正面站立的人形，最突出的是上面大大的人头。也有学者认为上面的方形表示头顶的天。金文字形 ❷，更像人的样子，而且笔画粗犷，头部栩栩如生。金文字形 ❸，这个人好像扎起了马步，双臂也平伸了起来，原来的大头反而变小了。小篆字形 ❹，其他部分仍旧，大头变成了"一"字形。楷体字形则不太像人的样子了。

《说文解字》："天，颠也，至高无上。""颠"的本义就是头顶，但可以泛指动物、物体的顶部；而"天"的本义则专指人的头顶，跟"天"甲骨文字形中人的形状密切相关。不过许慎认为这是一个会意字，显然跟原始字形的象形不符。由"天"的本义，组成了"天灵""天灵盖"这样的词，指人或动物的头盖骨。《周易·睽》："其人天且劓。""劓"（yì）是古代五刑之一，指割鼻的刑罚；黥额为天，黥是一种肉刑，指用墨在脸上刺字，而用墨在额头上刺字就叫"天"，可见"天"是指人的头顶或离头顶最近的地方。相术将前额中央或两眉之间

称作"天庭",比如大庭饱满,也因为此二处离头顶最近的缘故。

人体的最上部为头部,故而"天"引申为天空之意。白川静先生有一段关于上天神圣观念的演变,极有见地。他说:"天上为神之所在,上天神圣的观念在殷代已经出现。据甲骨文可知,殷(自称为'商')将其都城称作'天邑都'(商的神圣之都)。公元前1046年殷亡,周取而代之,认为此兴亡之变故缘于天命的所谓'天命思想'形成于周代。人间万事皆由天意主宰,凡人事所不能皆称之为天意。"由此上天神圣的观念,"天"又可以指天帝,以上天和天帝为世间万物之主宰。与上天对应,人间的最高主宰——君王,亦可称作"天",比如皇帝之面叫"天颜",皇帝的恩赐叫"天恩浩荡"。

屈原《离骚》中有"九天"之说,东汉王逸注解称"九天谓中央八方也",《吕氏春秋·有始览》中则称作"九野":"中央曰钧天,东方曰苍天,东北曰变天,北方曰玄天,西北曰幽天,西方曰颢天,西南曰朱天,南方曰炎天,东南曰阳天。"这是最早的"九天",不过不是指天上的"九重天"。西汉扬雄在《太玄》中正式命名了天上的"九重天":"一为中天,二为羡(富余)天,三为从天,四为更天,五为睟(suì,颜色纯)天,六为廓天,七为咸天,八为沉天,九为成天。"

"九天""九重天"又称"九霄",道家学说中的"九霄"指:"赤霄,碧霄,青霄,绛霄,黅(jīn,黄色)霄,紫霄,练霄,玄霄,缙霄。"不知道"九霄"跟"九重天"的关系怎样,是位于"九重天"之外呢,还是跟"九重天"有所重合?不敢妄猜。不过人们常常挂在嘴上的"魂飞九霄云外"则是指"九重天"和"九霄"之外更加高远的天空。而这一切不管是否附会的后起义,都从"天"的本义——人的头顶,生发而来。

《孝经图》（局部）
北宋李公麟绘，绢本水墨长卷，美国大都会艺术博物馆藏

　　李公麟（1049—1106），北宋著名画家，字伯时，号龙眠居士，博学多才，富文辞，工书法，精鉴赏。凡人物、释道、鞍马、山水、花鸟，无所不精，白描人物尤为杰出，时推为"宋画中第一人"。美国大都会艺术博物馆藏《孝经图》卷作于1085年，是现今存世公认的李公麟真迹之一。

　　这段画面描绘的是《孝经·圣治章第九》："人之行，莫大于孝。孝莫大于严父，严父莫大于配天，则周公其人也。昔者，周公郊祀后稷以配天，宗祀文王于明堂，以配上帝。是以四海之内，各以其职来祭。"

　　在一切朝廷礼仪当中，最重要的无过于祭天。根据周代礼制，每年冬至要在国都南郊的圜丘祭天，并附带祭祀父祖先辈，谓之以父配天之礼。画面上，一段阶梯通到露天祭坛顶端。天子着大裘礼服，冕旒及肩，手执镇圭，跪于圜丘之上，向天祭拜。两侧陈列编钟鼓乐。祭台中央摆着一块玉璧，这就是"天配"后稷的灵位，祭坛上方是象征天子、诸侯等人间秩序的星象符号。环绕祭台及祭坛底部，燃烧着明晃晃的火炬。诸侯百官均俯首叩拜。通过这个神秘肃穆的国祭仪式，皇帝再次确认了"天命"。

封

用手在土堆上植树

> 田有封洫,庐井有伍 ——《左传》

人们常把周代至清代的社会形态一概称之为封建社会,这种说法是值得商榷的。其实,真正的历史进程是,秦始皇统一中国之后,封建制就已经寿终正寝了。那么,我们来看看到底什么叫"封建"。

封,甲骨文字形❶,这是一个象形字,下面是土堆,土堆上面种了一棵树。这个字其实就是"丰",乃是"封"字的初文,卜辞中有一丰、二丰方、三丰方、四丰方之辞,都是方国的封疆。甲骨文字形❷,右边添加了一只手,表示用手在土堆上植树,从而变成了一个会意字。金文字形❸,左下方的土堆是"土"字的雏形。金文字形❹,左下方从"田",表示在田中植树。小篆字形❺,左下方正式定型为"土",右边是"寸",仍然是手的形状。

《说文解字》:"封,爵诸侯之土也。从之土,从寸。寸,守其制度也。公、侯百里,伯七十里,子、男五十里。"原来,国君赐给诸侯土地,一定要在土堆上植树,作为封地边界的标志。周代有"封人"一职,据《周礼》载:"封人掌设王之社壝,为畿封而树之。凡封国,设其社稷之壝,封其四疆。"壝(wéi)是祭坛四周的矮墙,畿(jī)指天子管辖的方圆千里之地。"封

❸　　　　　　　　❹　　　　　　　　❺

人"的职责很清楚：为天子的社坛建围墙，为天子管辖的京畿之地植树为界；诸侯的封国也照此管理，公、侯的方圆百里之地，伯的方圆七十里之地，子、男的方圆五十里之地，也都要"封其四疆"，植树为界。

"封"是在封地的四周植树为界，"建"是建国，因此"封建"一词即指封地建国。这一制度在周代达到完善的顶峰，但秦始皇统一之后，即以中央集权制取代了封建制，汉代虽然短暂回潮，郡县制和封建制并行，但却以郡县制为主。因此，严格意义上的封建制其实早就消亡了。

《左传·襄公三十年》称赞郑国主政的子产"使都鄙有章，上下有服，田有封洫，庐井有伍"，意思是：让国都和边邑各有章法，上下尊卑各守其职，田地有四周的边界和水沟，按照八家为一井的井田制收取赋税。这里的"封"已引申为田地的边界，倒不一定非要植树为界了。

植树于四界，象征性地表明四界之内是一个封闭的空间，"封"因此引申为封闭。荆轲刺秦王之前，逃到燕国的秦国将军樊於期自刎而死，荆轲"遂收盛樊於期之首，函封之"，"函封"指用匣子盛头颅，然后打上封记封闭起来。另外还请不要忘记"封"字甲骨文和金文字形中的那一堆土堆，堆土植树，因此凡堆土都可称"封"，比如封禅之"封"乃是在泰山上堆土为坛以祭天。秦国在崤之战中全军覆没，两年后伐晋报仇，晋军坚守不出，秦军于是"封殽尸而还"，将崤之战的秦军尸体堆土筑坟。

朝

❶　　　　❷　　　　❸

太阳从草丛中升起时还能看到月亮

周人祭日，以朝及 ——《礼记》

"朝"在今天有两个读音，zhāo 和 cháo。最初只读作 zhāo，有了引申义之后才读作 cháo。但今天使用最多的读音却是 cháo，多用作朝代和朝向。

朝，甲骨文字形❶，这是一个会意字，左边上下是草，中间是"日"，右边是"月"，会意为太阳从草丛中升起的时候，月亮还没有完全落下去。这当然就是早晨的生动写照。张舜徽先生认为"日"上下的草形"像光芒四射状"，与此字形不符。甲骨文字形❷，右边是一弯残月，表示月亮即将隐没了。甲骨文字形❸，一弯残月的右边也添加了两棵草，表示残月即将隐没到草丛中去了。

朝，金文字形❹，改变了甲骨文日月同现的造字思路，右边变成了水的形状。张舜徽先生认为"像海水澎湃上涌之形。海水受日月引力生定时之起伏，谓之潮。析言之，则早潮曰潮，晚潮曰汐"。不过也有学者认为右边的水形是"月"的伪变。金文字形❺，右边还是水，还有河水流动四溅的水滴。金文字形❻，右边的河流和水滴中间添加了一横，这就为小篆字形❼的讹变打下了基础，右边的水形讹变为上"人"下"舟"，因此许慎误认为"从倝舟声"。

❹ ❺ ❻ ❼

　　《说文解字》:"朝,旦也。""旦"就是早晨。《诗经·采绿》中有"终朝采绿""终朝采蓝"的诗句,"绿"和"蓝"都是草名,"自旦及食时为终朝",从日出到吃早饭这一段时间就叫作"终朝"。

　　夏商周三代都有在春分之时的祭天之礼,称作"郊祭",也叫"朝日"。据《礼记·祭义》载:"郊之祭,大报天而主日,配以月。夏后氏祭其闇,殷人祭其阳,周人祭日,以朝及闇。""闇"通"暗"。此祭主祭日,月亮不过是配角。据孔颖达解释,夏代尚黑,因此在晚上祭祀;殷代尚白,因此在日中时祭祀;周代尚文,"祭百神礼多",因此从早到晚都在祭祀。《周礼》中有"朝日,祀五帝"的记载,即在春分之时拜日于东门之外。"朝日"之"朝"读作cháo,因为是在早晨拜日,因此引申为朝拜;臣见君也是在早晨,所谓"盛服将朝",因此引申为朝见。张舜徽先生则从金文字形右边的水形生发而认为"水朝宗于海,故引申为朝会义"。

　　《诗经·雨无正》中有一句有趣的诗句:"邦君诸侯,莫肯朝夕。"邦君指诸侯国的君主。此处的"朝"读作cháo,指早晨朝见,"夕"指晚上朝见。这句诗的意思是:周王流亡在外的时候,诸侯国的君主和诸侯们都不愿遵守君臣之礼,不肯早晚朝见周王。

　　此外,臣子朝见国君还有"朝觐"一词,二者尚有细微的区别:春见曰朝,秋见曰觐。不管是器物还是礼仪,古人用字之细化和分类之精致,令人叹为观止!

律法篇

❶   ❷

一只叫獬廌的神兽赶走理亏者

匹夫而为百世师，一言而为天下法 ——苏轼

从夏商周到清代，我国古代法律制度的发展脉络清晰，特点鲜明，自成体系。那么，"法"这个字为什么能够代表法律呢？我们来看看这个字的演变过程。

法，金文字形❶，这是一个会意字，结构非常复杂。右边是"廌"，左边上面是"去"，下面是"水"。"廌"读作 zhì，是传说中的异兽，也叫解廌、解豸或獬豸（xiè zhì）。据汉代杨孚所著《异物志》记载："东北荒中有兽，名獬豸，一角，性忠，见人斗则触不直者，闻人论则咋不正者。"张揖也说："解豸似鹿而一角，人君刑罚得中则生于朝，主触不直者。"综上所述，獬豸这种异兽的长相似鹿，但只有一只角，见到有人争斗就会用角去抵触理亏的一方，听到有人争论就会去咬讲歪理的一方。国君如果对刑罚的运用不偏颇，法度适宜，獬豸就会现身在朝中。獬豸最大的功用就是"主触不直者"，辨别是非曲直。"法"的整个金文字形会意为：诉讼的时候，"廌"这种异兽用角抵触理亏的一方，将他赶走，执法就像水一样平。

但是也有学者有不同的意见。谷衍奎《汉字源流字典》认为，"人"下面的"口"象征穹庐之居，右边是

犍牛，整个字形会意为"人收起帐篷离开，带着牛羊，逐水草而居"。"逐水草而居是游牧时代有规律的生活，由此又引申为法律，法令"。聊备一说。

法，金文字形❷，"水"移到了左边，其余部分相同。小篆字形❸，还是三个组成部分在换来换去，但是字形显得更加规范了。楷书繁体字形❹，同于小篆。因为字形过于复杂，因此后来省写为"法"。

《说文解字》："法，刑也。平之如水，从水；廌所以触不直者去之，从廌去。"意思讲得非常明白。段玉裁说："法之正人，如廌之去恶也。"桓宽《盐铁论》说："法者，刑罚也，所以禁强暴也。"管子说："杀戮禁诛谓之法。"可见"法"的本义即为刑法。獬豸既然是执法公正的化身，因此古人将獬豸的形象制成帽子，专门给御史等执法官佩戴，这种帽子就叫"獬豸冠"。到了清代，御史和按察使等监察司法官员不仅要戴獬豸冠，而且还要穿绣有獬豸图案的官服。

周代管理官府有八法，据《周礼》载："一曰官属，以举邦治；二曰官职，以辨邦治；三曰官联，以会官治；四曰官常，以听官治；五曰官成，以经邦治；六曰官法，以正邦治；七曰官刑，以纠邦治；八曰官计，以弊邦治。"官属指主要官员的属吏；官职指官吏的职责；官联指官员联合办公；官常指官员的日常职责；官成指官服的成规；官法指国家的法规、法度、法律；官刑指惩戒官吏的刑罚，比如鞭刑就是比较轻的惩戒官吏的刑罚之一；官计指对官员政绩的考核。

059

由"法"的本义还可以引申出方法、标准等义项，比如苏轼为韩愈写的碑文中说："匹夫而为百世师，一言而为天下法。"此处的"法"就是标准的意思。除了春秋战国时期的法家流派之外，佛家的事物也尊称为"法"，比如佛法、法门、法力等，都是从"方法"和"标准"的义项引申而来的。

《临马云卿画维摩不二图草本》（局部）
元代王振鹏绘，绢本水墨，美国大都会艺术博物馆藏

　　王振鹏（生卒年不详），字朋梅，号孤云处士，永嘉（今浙江温州）人。擅长人物画和宫廷界画，被誉为"元代界画第一人"。

　　这幅画作于至大元年（1308）。王振鹏在卷后题跋中称："臣王振鹏特奉仁宗皇帝潜邸圣旨，临金马云卿画维摩不二图草本。"此画取材于佛教《维摩诘所说经》，描绘的是古印度毗舍离城的维摩诘居士接待以探病之名辩论佛法的一众菩萨的场面，代表着早期白描人物画的最高成就。画中维摩诘坐于锦榻之上，正从容论辩。

　　后来传播到中国并得到发扬的大乘佛法"不二法门"之要义就是在这场辩论中产生的。曼殊菩萨问维摩诘："何等是入不二法门？"时维摩诘默然无语。曼殊叹曰："善哉！善哉！乃至无有言语，是真入不二法门。"苏东坡有《维摩像》诗云："当其在时或问法，俯首无言心自知。"《维摩诘所说经》可以说是对中国佛教影响最大的一部佛经，其"心净则佛土净"及"亦入世亦出世""在入世中出世"的思想，成为很多士人的行止依据。

守

屋子里面的人持盾牌掌管法度

> 绿叶成阴春尽也，守宫偏护星星
> ——纳兰性德

❶

❷

"守"字的下面为什么会有个"寸"呢？我们来看看"守"字的字形。

守，金文字形❶，这是一个会意字，上面是屋顶，下面是"寸"，"寸"指手腕下一寸之处，引申而指法度，因此"守"的这个字形就会意为掌管法度。金文字形❷，屋顶下的"寸"很像一只有着长长尾巴的小动物的形状，其实还是"寸"字。金文字形❸，这个字形比较奇特，但是也更鲜明地反映了造字的本义。上面还是屋顶，屋子里面，右边是一只手，左边是一面类似于"干"的盾牌，会意为人持盾牌守卫。小篆字形❹，同于金文。

《说文解字》："守，守官也。"掌管法度是官员的职责。春秋时期有"守道不如守官"的传统，《左传·昭公二十年》讲了这样一个故事：齐景公到沛这个地方打猎，派人持弓招虞人（掌山泽苑囿的官员）前来，虞人却不来。齐景公派人扣押了他，虞人辩解道："昔我先君之田也，旃以招大夫，弓以招士，皮冠以招虞人。臣不见皮冠，故不敢进。""旃"（zhān）是赤色曲柄的旗，用以招大夫；"弓"用以招士；"皮冠"是打猎时戴的帽子，御尘御雨雪，用以招虞人前来清理狩猎场

❸

❹

地。齐景公却用招士的弓招虞人,不合礼数,因此虞人不来。齐景公只好放了他。孔子听说之后评价道:"守道不如守官,君子韪之。""韪"(wěi)是对的意思。道是很抽象的东西,而官职所在则很具体,如果能持守这很具体的规则,那么也就是守道了,因此孔子才说"守道不如守官"。

"守"的金文字形❸,持盾牌而守,有一种官职最符合这个字的形象。这种官职称作"守祧","祧"(tiāo)是祭先祖之庙,守祧即掌管先王、先公的祖庙。

清代著名词人纳兰性德有一首描写樱桃的《临江仙》词,其中两句是:"绿叶成阴春尽也,守宫偏护星星。"什么是"守宫"?这是一种很有意思的称谓,可作两解。

其一,守宫是壁虎的别称,壁虎常常守伏于宫墙屋壁,捕食虫蛾,故称"守宫"。据张华《博物志》记载:"蜥蜴或名蝘蜓,以器养之,食以朱砂,体尽赤,所食满七斤,治捣万杵,点女人支体,终年不灭,唯房室事则灭,故号守宫。"古代即以此来检验是否处女。

其二,槐树的一种,称作"守宫槐"。《尔雅·释木》:"守宫槐,叶昼聂宵炕。"郭璞解释道:"槐叶昼日聂合而夜炕布者,名为守宫槐。"晋人杜行齐说:"在朗陵县南,有一树似槐,叶昼聚合相着,夜则舒布即守宫也。""聂",合;"炕",张。这种槐树的叶子,白昼闭合,夜晚张开,就像在夜晚守护着宫室一样,故称"守宫槐"。

"绿叶成阴春尽也,守宫偏护星星",此处的"守宫"系借用槐树的意象,意为春天已尽,绿叶成阴,深夜里,浓密的树叶护住了满天的繁星。不过,纳兰性德是用其来比喻像繁星那么多的樱桃。

❶ ❷ ❸

用井形枷锁把人铐上

郑人铸刑书 ——《左传》

甲骨文中到底有没有"刑"字，学者们多有争议，此处不论。郭沫若先生说："凡金文刑字均作井。"也就是说，青铜器上所刻的铭文，"刑"字一概写作"井"。为什么从"井"？这是一个非常有趣的疑问，也使得历代学者们聚讼纷纭。

刑，金文字形❶，有的学者认为右边乃是人形，左边不是"井"，而是一面枷锁，会意为用枷锁将人铐上。比如白川静先生就在《常用字解》一书中持此说："颈部或双手被铐上'井'（枷锁）表示处刑、刑罚。刑罚的方法后来有了割鼻割耳之刑，还有斩首、腰斩之刑。用刀斩割剸剐伤损身体的处罚很多，因此'井'加'刀（刂）'合成了'荆'（刑）。"

也有的学者认为左边的"井"是水牢或囚笼的象形，因为甲骨文的"囚"字就有将犯人关进井形囚笼的写法。

刑，小篆字形❷，右边是刀刃之形，左边井中一点是指事符号，或指枷锁套在头部，或指犯人被关进囚笼的中央所在，或指井的中心。总之，需要根据具体的释义来分析所指之事。小篆字形❸，左边很明显是"井"形符号的讹变。

《说文解字》："荆，罚罪也。从井从刀。"段玉裁注引西汉《春秋元命苞》曰："刑，刀守井也。

饮水之人入井争水，陷于泉，刀守之，割其情也。"王筠则解释说："荆从井者，谓其法井然不乱也。"张舜徽先生在《说文解字约注》一书中则认为"荆字从井，盖与灋（法）字从水同意"，"古人言法，皆取象于水之平。人之汲取井水，亦但各平其器而已，故荆字从井……凡分别是非曲直，务求如水之平，此荆字从刀从井本意也"。

不过，井上争水，何至于动刀？这一释义显然违背了生活常理。因此所从之井，还是应该视作井形枷锁较为妥当。

《左传·昭公六年》用"三月，郑人铸刑书"这寥寥几个字记载了一则大事件。杜预注解说："铸刑书于鼎，以为国之常法。"郑国正卿子产将刑书铸在鼎上，百姓皆可观看。公元前536年的这一举措诞生了中国历史上的第一部成文法，引发了晋国正卿叔向的痛斥。紧接着，公元前513年，晋国也"以铸刑鼎，著范宣子所为刑书焉"，这是中国历史上的第二部成文法，同样引发了孔子的强烈不满，认为只需持守祖宗法度即可，可是"今弃是度也，而为刑鼎，民在鼎矣，何以尊贵？贵何业之守？贵贱无序，何以为国？"这就是著名的关于"铸刑书于鼎"的争论。

先秦时期的五刑为墨、劓、荆、宫、大辟；秦汉时期的五刑则为黥、劓、斩左右趾、枭首、菹（zū）其骨肉（剁成肉酱）；隋唐及其后的五刑则为笞（chī，鞭刑）、杖、徒、流、死。古代刑罚之严酷，就呈现在"刑"字右边的刀上。

《清代刑罚图》之一
通草画，19世纪

　　通草纸画，是以华南通脱木茎髓为原料制成纸，特制颜料作画，经光的折射可呈斑斓缤纷的效果，大量制作于清末民初的珠三角地区，并从广州出口到欧洲，题材以反映清末的社会生活场景和各种形色人物为主，造型生动，色彩浓艳。通草纸画一般采用西洋画法，反映中国本土风情，深受当时西方人的喜爱。

　　这一组《清代刑罚图》共35幅，描绘了各式各样的清代刑罚，包括机架夹足、负柱铐链、拖木禁行、长凳锁禁、上枷待决、流放、斩首等，其状惨烈。这一幅描绘的是一种将人囚禁于木桶中的刑罚，只有头、手露在外面，家人可以每天来喂些食水。被囚者便溺皆在桶内，时间一久，身体腐臭溃烂，会极其痛苦而缓慢地死去。

 ❶   ❷   ❸

罚

审讯罪人，并处以罚金

墨辟疑赦，其罚百锾，阅实其罪
——《尚书》

本书解说"刑"字时已经指出："刑"乃是用刀加诸人身的肉刑。那么，刑罚连用之"罚"，又是一项什么样的制度呢？"刑"和"罚"的区别又是什么？

甲骨文中还没有发现"罚"字，金文字形❶，这是一个由三部分字符组成的汉字：右边是刀，刀上部的一横表示握持之处或者刀柄；左上是一张网；左下是一个"言"。金文字形❷，网的样子更是栩栩如生。小篆字形❸，"言"在网中。后来使用的繁体字"罰"，则把网移到了最上面。

《说文解字》："罚，罪之小者。从刀从詈。未以刀有所贼，但持刀骂詈，则应罚。"高树藩先生在《中文形音义综合大字典》中进一步解释说："詈为骂，即以恶言加人，凡仅持刀骂詈人而未挥刀杀伤人者则应罚，其本义作'罪之小者'解，即犯法不重时所应受之惩罚，乃刑之轻者。"

不过，徐灏早就提出过质疑："罪之小者，不独持刀骂詈一事。"也就是说，轻罪多种多样，但为什么偏偏要用"持刀骂詈"来造字呢？因此，许慎的释义并不准确。徐灏接着给出了自己的观点："网者，罪之省也；言者，爰书定罪之意；刀者，自大辟以至劓、刵、髡、黥之属，皆刑其肢体也。析言之，则重者为刑，轻者为罚。"

大辟是死刑，"劓"是割鼻之刑，"剕（fèi）"是砍脚之刑，"髡"是剃发之刑，"黥"是在脸上刻字涂墨之刑。

不过，罪重的"刑"既然是持刀加诸人身的肉刑，那么，罪轻的"罚"就不可能也是持刀加诸人身的肉刑。因此，徐灏的释义也不准确。

最有说服力的解说出自清代学者张文虎，他认为："刀者，刀布，非刀刃之刀。"张舜徽先生在《说文解字约注》一书中认同这一观点："许书持刀骂詈之说，迂曲难通。张氏解刀为刀布之刀，其说近是。此字又从詈者，盖谓以言辞责让之，亦所以罚之也。凡罪之小者，或谴之以言，或责之纳金，故从刀从詈。"

所谓"刀布"，是指形状如刀的钱币。根据这种观点，"罚"指罚金之刑。《尚书·吕刑》中有罚金之刑的详细记载："墨辟疑赦，其罚百锾，阅实其罪；劓辟疑赦，其罪惟倍，阅实其罪；剕辟疑赦，其罚倍差，阅实其罪；宫辟疑赦，其罚六百锾，阅实其罪；大辟疑赦，其罚千锾，阅实其罪。"

上古时期，罚金用铜，"锾（huán）"就是铜的货币单位，或重六两，或重六两半，其说不一。"疑赦"是指适用五刑有争议、有疑问的要予以赦免，但仍应折为罚金的赎刑。墨刑、劓刑、剕刑、宫刑、大辟的赎金分别为一百锾、二百锾、五百锾、六百锾、一千锾铜，"阅实其罪"的意思是检阅核实所犯之罪，使与罚名相当，然后收取赎金。

这就是所谓"刑疑赦从罚，罚疑赦从免"的刑罚制度。"罚"的组成字符中，"网"指所犯之罪，"言"指审讯，以言辞指明所犯之罪，并书写罪名，"刀"则是罚金。

罪

用刑刀割犯人的鼻子

罪疑惟轻，功疑惟重 ——《尚书》

"罪"的本字是"辠"。先说辠，金文字形 ❶，这是一个会意字，上面的"自"是鼻子的形状，下面的"辛"是刑刀的形状，对犯罪的人要用刑刀来进行惩罚。"自"和"辛"组合起来，会意为用刑刀行刑的时候，犯罪的人很疼痛，蹙着鼻子表示苦楚，或者会意为割鼻的酷刑。小篆字形 ❷，字形已经规范化了。《说文解字》："辠，犯法也。从辛从自，言辠人蹙鼻苦辛之忧。"

再说罪，小篆字形 ❸，这是一个会意兼形声的字，上面是一张网，下面是"非"。"非"像鸟儿相背着展开的一对翅膀，截取这一段翅膀，来会意为用网捕鸟。《说文解字》："罪，捕鱼竹网。"清代《字汇补》："罪，捕鱼器。""罪"的本义是用来捕鸟的竹网，当然也可以用来捕鱼。秦始皇自称始皇帝，统一文字时，看到"辠"这个字的样子跟皇帝的"皇"字长得很像，心里非常不爽，于是下令将"犯法"的"辠"用"罪"字来代替，"罪"字遂慢慢失去了本义，演变成今天的意思。

我国上古时期的法律制度先进得超出人们的想象，跟现代法理中的"无罪推定"是一样的。《尚书·大禹谟》中规定："罪疑惟轻，功疑惟重。与其杀不辜，宁失不经。

❷ ❸

好生之德,洽于民心,兹用不犯于有司。"这段话的意思是说:怀疑有罪的时候要从轻,怀疑功劳的时候要从重。与其杀掉一个没有罪的人,不如放掉一个有罪的人。好生之德使民心安洽,不会触犯刑律。

不过上古时候帝王们这一满怀人性的关怀的规定,被后世针对"罪"的各种严刑峻法给代替了,不同时期都有对罪人的极其残酷的五刑。秦以前的五刑为:墨,刺刻面额,染以黑色,作为惩罚的标记;劓,割掉鼻子,想一想"皋"字的金文字形吧;剕,又称刖(yuè),断足;宫,阉割;大辟,杀。秦汉时期的五刑为:黥,在脸上刺字并涂墨,以防犯人逃跑;劓;斩左右趾;枭(xiāo)首,砍下头颅并悬挂示众;菹其骨肉,将人剁成肉酱。隋唐以后的五刑为:死;流,流放;徒,拘禁罪人服劳役;杖,用大荆条、大竹板或棍棒抽击人的背、臀或腿部;笞,用鞭子或竹板拷打。

除了死刑之外,这些残酷的严刑峻法今日统统都被废除了,对罪犯的惩罚代之以现代文明的手段,同时也衔接上了上古帝王们的人性关怀。

报

将犯人铐上手枷，按压使其下跪

> 投我以木瓜，报之以琼琚
> ——《诗经》

❶

❷

❸

❹

"报"和本书中的"执"属于同源字，反映了古人造字时相同的思维方式和行为方式，而且都和法律制度有关。

报，甲骨文字形❶，这是一个会意字，由三部分组成，左边和中间的组合，其实就是"执"字的字形，用手枷这种刑具将半跪着的犯人铐起来。最右边是一只手，用手从背后使劲儿按住犯人，令他屈服。白川静先生解释说："手上铐着手枷，身后被手按压下跪，意味着犯罪者被施以报复刑，原义为报复。"甲骨文字形❷，用手按压的姿势更加明显。金文字形❸，最左边的手枷变成了"幸"。金文字形❹，字形相同。小篆字形❺，右边虽略加变形，但仍然可以看得出来用手按压人的形状。楷书繁体字形❻，右边变形得厉害，完全看不出用手按压人的形状了。简体字的左边干脆简化为提手旁了。

《说文解字》："报，当罪人也。""当罪人"即判决罪人。"当"和"报"都是当时的习惯用语，意思相同，都是判决罪人、断狱之意。如"罪当诛""罪当弃市"，这里的"当"不是应当的引申义，而是判决的意思，意为犯的罪按照法律判决为诛或者弃市。这就

是"报"的本义，比如"报囚"一词，即是"奏报行决"之意。

汉语中有一个独特的现象，叫作反义同字或者反义同词，一个字或者一个词在不同的语言环境中，体现出两种完全相反的含义。"报"也是如此，既可以指报仇，又可以指报恩；同理，"报复"既可以指报仇，亦可以指报恩。《诗经·木瓜》中的名句："投我以木瓜，报之以琼琚。""投我以木桃，报之以琼瑶。""投我以木李，报之以琼玖。"这里的"报"指报答。"睚眦之怨必报"，这里的"报"则指报仇。

"报"还是古时一种祭祀的名目，如报岁、秋报的称谓。秋天丰收之后要祭神，以报答神灵的护佑，称报岁或秋报。"报"的本义既为判决，那么一定要将判决结果通知犯人，由此而引申出答复、通报、报道的意思，也就是我们今天常用的义项，比如报纸、报晓、耳报神，等等。

不过，"报"还有一个鲜为人知的用法："下淫上曰报。"正如报恩、报答等词所示，其中含有下对上尊敬的成分；反之，也可以含有下对上侮辱的成分，因此而引申用于和长辈女性通奸或通婚。我们来看看《左传》中的两处记载。其一："卫宣公烝于夷姜。""夷姜"是卫宣公的庶母（父亲的妾），和父亲的妻妾（生母除外）通奸或通婚，这叫"烝"（zhēng）。其二："文公报郑子之妃。"郑子是郑文公的叔父，和伯叔父的妻妾通奸或通婚，这叫"报"。烝与报，习惯上称之为烝报婚姻。这都是性关系失范时代的典型行为。

073

《木曾街道六十九次之内 今须 曾我兄弟》

歌川国芳绘·1852年

歌川国芳（1797—1861），号一勇斋、朝樱楼，是浮世绘歌川派晚期大师之一，以大胆的想象力和幽默感著称。

木曾街道指的是日本江户时代连接江户到京都的一条驿道，又名中山道。《木曾街道六十九次》属于浮世绘中的"名所绘"，描绘了中山道沿途的69个"宿场"（即驿站）。歌川国芳这组作品着眼于各地的传说故事，与一般着重描绘风景名胜的"名所绘"大异其趣。

这幅描绘的是日本三大复仇事件之一，曾我兄弟为父报仇的故事。故事发生于镰仓幕府时期。建久四年（1193），曾我祐成和曾我时致兄弟在源赖朝的富士狩猎中，替父河津祐泰报仇杀了工藤祐经。那天夜里，曾我兄弟潜入工藤祐经的住所，将酒醉的杀父仇人刺死。画面再现了刺杀之夜的情景，曾我兄弟二人手持利剑，蹑手潜踪，正在靠近仇人熟睡的蚊帐。这个故事被敷衍为"曾我物语"，江户时代的能剧、净瑠璃、歌舞伎及浮世绘等都有以此为题材的作品。

印

手按犯人，在额上刺字涂墨

构窟、鹜鸟总称，以为印纽 ——《辽史》

❶ ❷ ❸

《说文解字》："印，执政所持信也。"段玉裁解释说："凡有官守者皆曰执政，其所持之节信曰印。"许慎和段玉裁的解释也就是今天"印"的意思：印章。但是"印"字最初的时候可不是这个意思。

印，甲骨文字形❶，这是一个会意字，左上是一只手（"爪"），右下是一个跪着的人形，徐中舒先生认为"像以手抑人使之跽伏之形"，因此"印""抑"本为一字。甲骨文字形❷，这个人完全跪下了。甲骨文字形❸和❹，手似乎紧紧地按到了这个人的额头上。金文字形❺，这个人是半俯身的样子。金文字形❻，这个人被按得深深地躬下了身子，似乎能感受到他痛苦的状态。小篆字形❼，上面还是"爪"，下面变形得厉害，不大看得出人形了。楷书字形则变成了左右结构。

张舜徽先生说："印字从爪从人，其本义当为人用爪按物。太古取信于人，率以手指按记，用为证验。今乡僻犹多用手印，其遗法也。此乃印信之所由起。"这个解释有两点不通之处：第一，"其本义当为人用爪按物"，但字形却明明是人用爪按人，而不是按物；第二，"以手指按记，用为证验"，手印都是按在比如合同等

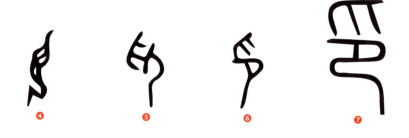

纸张或物体上,这才能作为证验,没有听说过按在人身上的。

那么,"印"字为什么用从爪从人来会意呢?我非常怀疑这个字乃是一项刑罚的形象写照。这项刑罚即五刑之一的黥,又叫墨刑,在犯人的额上刻字作为标记,再用墨涂黑。郑玄在为《周礼》所作的注中解释说:"墨,黥也。先刻其面,以墨窒之。"孔颖达进一步解释说:"言刻额为疮,以墨塞疮孔,令变色也。"这项刑罚的用意在于使犯人终身带有耻辱性的标记,强制从事各种劳役的时候不会逃跑。

"印"字的甲骨文和金文字形中,之所以用"爪"紧紧地按住这个人的头部,正是施以墨刑的如实写照!之所以用"爪"而不用"手",如同宋代字书《集韵》所说,"爪"是"覆手取物",这就是"印"的字形中"爪"和人的额头紧密相连的原因。《水浒传》第八回载:"原来宋时,但是犯人徒流迁徙的,都脸上刺字,怕人恨怪,只唤做'打金印'。"此乃"印"字和墨刑之间关系的遗制。

古代相术中有"印堂"的术语,指额头中部、两眉之间的地方。为什么称"印堂"?一直没有语源学上的权威论证。而印堂处恰恰是犯人刺墨之处,因此我认为"印堂"即从这项刑罚而来。"堂"是"高显貌",二人一照面,第一眼看到的就是最为高显的额头,此为"印堂"之"堂"的由来;而犯人刺墨之处最为显眼,观察此处的气色即可判定犯人的身体状况,此为"印堂"之"印"的由来。这才是"印堂"一词的真正语源,后来引申用作相术术语。

"印"引申为印章,即从给犯人刺墨而来。刺墨需要用力按压,印章也需要用力按压。古时印章的形制颇多,举一种最有趣的印章。据《辽史·国语解》记载:"杓窊印,杓窊,鸷鸟总称,以为印纽,取疾速之义,凡调发军马则用之"。"杓窊(sháo wā)"是契丹语,鹰类鸷鸟的总称,调发军马贵在疾速,因此用以为印。印必有孔,称作"印纽";以带穿之,称作"印绶"。根据级别的高低,印有金印、银印、铜印之分,印绶也有紫绶、青绶、黑绶、黄绶之别,此不赘言。

县

将犯人的首级用绳索挂在木杆上示众

> 民之悦之，犹解倒县也
> ——《孟子》

❶　　　❷

"县"的繁体字是"縣"，今天只用于行政区划，但是最早的时候，或者说这个字刚被造出来的时候，却是古时一种刑罚制度的如实写照。

县，金文字形❶，这是一个会意字，左边是"木"；右边的上面是"系"，绳索，下面是"首"，包括那只大眼睛和眼睛上面的头皮。整个字形会意为将人的首级用绳索挂在木杆上示众。金文字形❷，右下部的首级呈倒悬之状。金文字形❸，左下部定型为"首"。金文字形❹，左下部的首级倒悬之状看得更加清晰，最下面是三绺头发。小篆字形❺，省去了金文字形的"木"，仅用头发下垂的"首"和绳索"系"来会意。隶变后楷书字形左下角的头发形状讹变为一横加"小"，其实是"木"字。简化字只取了左半边。

《说文解字》："縣，系也。"中国古代的死刑有个特点，就是公开化，据《周礼》载："凡杀人者，踣诸市，肆之三日。"执行死刑之后，要陈尸于街市，供人围观三天。不仅如此，还有枭首示众之刑。古人认为枭是一种弑母的恶鸟，杀了枭之后，要将枭头挂在树上示众，后人因此把砍头后悬挂示众称作"枭首"。"枭

❸ ❹ ❺

首示众"正是"縣"这个字形的形象化写照。

五代学者徐铉说:"此本是县挂之县,借为州县之县。今俗加心别作悬,义无所取。""县"为什么用于行政区划?

按照夏代的规制,王城周围千里的地域称为"王畿"。"畿"的本义是国都所领辖的方圆千里地面。四海之内分为九州,其一为畿内,由天子亲自管辖,"王畿"和畿内又称作"县"或"县内",天子居住在国都,故称"县官"。因此最早的"县官"其实是指天子。

刘熙在《释名·释州国》中解释说:"县,悬也,悬系于郡也。"秦汉以后县属于郡,因此刘熙认为县统系于郡,故称"县"。不过周代的时候县大于郡,归天子本人直接管辖,按照刘熙的思路,则可以解释为县统系于天子,故称"县"。还有一种解释,根据金文字形,认为"县"是最基层的司法和刑狱机构,因此后来用于行政区划,但这种解释缺乏文献支持。

孟子在《公孙丑上》篇中说:"当今之时,万乘之国行仁政,民之悦之,犹解倒悬也。"张舜徽先生在《说文解字约注》中合乎情理地推测道:"孟子既言'如解倒悬',则上世必有逞残肆虐,倒悬其民者矣。"《史记》载战国学者邹衍言"中国名曰赤县神州","赤县"的词源从未有定论,按照张舜徽先生的推测,有"倒悬其民"也就可能有"赤县其民","赤"者,裸露也,将犯法的罪人赤裸裸地倒悬在木杆上示众。就像"倒悬"

给予孟子的深刻印象，"赤悬其民"的情景也令人印象深刻，因此将天子直接管辖的"县"别称作"赤县"。后世早已不解此意，才美称中国为"赤县"。这虽然只是推测，但也给"赤县"的词源提供了别一种视角的参考。

辟

用刑刀对犯人执行死刑

> 大辟疑赦,其罚千锾,阅实其罪
> ——《尚书》

❶　　　❷　　　❸

秦代以前的五刑分别是:墨,在脸上刺字并涂墨;劓,割掉鼻子;刖,砍断脚;宫,阉割;大辟,杀。大辟就是死刑,不过中国古代素来有"罪疑从轻"的原则,据《尚书·吕刑》载,"大辟疑赦,其罚千锾,阅实其罪"。即使是大辟这样的死刑,如果不能坐实而有可疑之处的,缴纳罚金六千两即可赦免,还要审查核实他的罪名,以与罚名相当。大辟即大罪,最大的罪名当然就是死刑,"辟"为什么会具备这样的义项呢?

辟,甲骨文字形❶,这是一个会意字,右边是一个跪坐着的人,左边是一把刑刀,会意为对这个人执行死刑。甲骨文字形❷,一把极其恐怖的刑刀!在这把刑刀面前,人显得是那么的渺小和可怜。甲骨文字形❸,中间添加了一个口形。有人认为这个口形代表头颅,有人则认为代表人身上割下来的肉,因此这个字形表示的是在执行凌迟之刑。金文字形❹和❺,刑刀的样子同样恐怖。金文字形❻,口形中间添加了一点,倒真像凌迟下来的肉块。小篆字形❼,紧承甲骨文和金文字形而来。

《说文解字》:"辟,法也。从卪从辛,节制其罪也。从口,用法者也。"这是引申义,"辟"的本义是

081

❹　❺　❻　❼

执行死刑,由此而引申为大辟之类的罪名。周代有小司寇一职,据《周礼》载,小司寇的职责之一是:"以八辟丽邦法,附刑罚:一曰议亲之辟,二曰议故之辟,三曰议贤之辟,四曰议能之辟,五曰议功之辟,六曰议贵之辟,七曰议勤之辟,八曰议宾之辟。"所谓"八辟"即指八种人的罪名,这八种人分别是:皇家宗室,天子故旧,有德贤士,有才能人,功勋之士,达官显贵,勤于国事,先朝后裔。所谓"议"是指可议,意思是这八种人的罪行可议,议完之后适当减轻或免刑,这是属于皇族近臣的特权。

　　能够制定法律、批准死刑的最高主宰当然是国君,因此"辟"引申为国君的代称。《诗经·文王有声》篇中有"皇王维辟"的诗句,皇王指周武王,称颂周武王得人君之道。有趣的是"复辟"一词。《尚书·咸有一德》开篇即说:"伊尹既复政厥辟。"商王太甲即位后沉湎酒色,暴虐乱政,四朝元老伊尹遂将他放逐,自己摄政。三年后,太甲悔过自新,伊尹将他迎回,还政于太甲,此即"复政厥辟",还政于他的国君。因此,"复辟"一词专指失去王位的国君复位。而且,从伊尹"复政厥辟"的行为来看,显然既是伊尹的美德,同时又是对太甲改过自新的称赞,并没有后世的贬义成分。

《锁谏图》(局部)
明代佚名绘,绢本设色,美国弗利尔美术馆藏

此卷旧传为唐代阎立本所绘,技法高超,设色古澹,运笔如屈铁丝,人物动作神情刻画入微。画中表现的是十六国时期汉廷尉陈元达将自己锁于树干之上,向荒淫残暴的匈奴皇帝刘聪冒死进谏的故事。公元313年,刘聪立贵嫔刘娥为皇后,命人为她修建宏丽的凰仪殿。廷尉陈元达切谏,刘聪大怒,命将士将其拖走,全家枭首东市。幸亏刘皇后及时劝阻,陈元达才得免一死。

这一段画面上,陈元达双手持笏,紧抱树干,嘶喊着进谏之言;两个彪形大汉在后面奋力拉扯,试图解开锁链;另有两名官员满脸焦急,伏地求情。画面构图精妙,气氛紧张,人物动感鲜明。

曹

袋子里装着铜和箭等待裁决

分曹并进,遵相迫些 ——《楚辞》

"曹"这个字今天只用于姓,但是在古代,却是一项司法制度的生动写照。

曹,甲骨文字形❶,这是一个会意字,上面是两个"东",下面是口形。金文字形❷,下面的口形中添加了一横。金文字形❸和❹,大同小异,下面的口形变成了"曰"。小篆字形❺,下面的"曰"朝上开口。楷体字形不仅将两个"东"简化为一个,而且还把"东"给讹变了。

《说文解字》:"曹,狱之两曹也。""狱"指诉讼,"两曹"即今天说的原告和被告。许慎又解释上面为何有两个"东":"在廷东。"意思是诉讼的地点在官署的东边。这个解释很奇怪,因为诉讼地点必须"在廷东"这项规定闻所未闻,而且如果"在廷东"的话,用一个"东"来表示即可,为何偏偏画蛇添足地连用两个呢?许慎又解释下面的"曰":"治事者。"即主持诉讼,以言词来断案。

许慎没有见过甲骨文,根据小篆字形做出的解释不符合"曹"的本义。但是"曹"的甲骨文字形到底会意为什么意思,历代学者多有争论。著名文字学家丁山先

❸ ❹ ❺

生和李孝定先生都认为上面的"東"即"橐（tuó）"，口袋，"二橐为偶"，因此"曹"的本义就是偶、两。至于下面的口形，李孝定先生认为乃是 卢，盛饭器。盛饭器中装着两橐，是不是很滑稽？

林义光则认为"東即束字"，两束当然就是偶、两之意，下面的口形是捆束的物体之形。

"東"的甲骨文字形确实像囊橐，也就是口袋的形状，但是为什么非要用两只袋子而不是别的东西来表示偶、两的意思呢？我认为可以从周代的一项司法制度来寻找答案。尽管现存的甲骨文乃是晚商时期的文字，但是司法制度并非无源之水，而是具有继承性，周代的这项司法制度很有可能就是从商代传承下来的。

据《周礼》记载，周代有大司寇一职，职责之一是："以两造禁民讼，入束矢于朝，然后听之；以两剂禁民狱，入钧金，三日乃致于朝，然后听之。""束矢"指五十或一百支箭，"钧金"指三十斤铜。"两造"指原告和被告，"讼"指财产纠纷，发生财产纠纷的时候，原被告都要给官府送进"束矢"，然后才能诉说各自的理由。"两剂"指诉讼双方所立的契约，"狱"指刑事罪名，原告以刑事罪控告的时候，原被告都要给官府送进"钧金"，三天后才能诉说各自的理由。"束矢"取意于箭之正直，"钧金"取意于铜之坚固。胜诉者归还，败诉者没入官府。

这项法律的用意在于：怕败诉而不敢送进"钧金束矢"以免人财两失的，

就是自承不直、不坚。理屈者知道得不偿失,就会主动息讼,从而有效化解民间的纠纷。

"曹"上面的两只袋子里,装的分别就是钧金和束矢,提交给官府;开庭时双方各自诉说理由,然后法官加以裁决,这就是"曹"下面的"口",后来讹变为表示裁决的"曰"。"狱之两曹也","曹"字就是这样造出来的,乃是"钧金束矢"制度的形象写照。

由"曹"的本义而引申为双方,想想那两只袋子以及原、被告就明白了。屈原在《楚辞·招魂》篇中吟咏古人的下棋游戏,有"分曹并进,遒相迫些"的诗句,"分曹"即分对厮杀,互相迫近对方的腹地。由"曹"的司法制度又可引申为司法机关,比如"法曹",再引申之,官署也可称"曹",比如东汉开始,尚书分六曹治事,就是指的六个官署。

执

❶ ❷ ❸

用手枷把犯人铐起来

诸侯盟，谁执牛耳
——《左传》

"执"是一个非常有意思的汉字，甲骨文字形❶，这是一个会意字，右边是一个半跪着的人，左边是一副手枷，用手枷这种刑具将犯人铐起来。甲骨文字形❷，这么大一副刑具，仅仅为了铐住一双手，比现在的手铐麻烦多了。金文字形❸，人的双手被铐住的情形十分生动逼真。金文字形❹，下面又多此一举地添加了双手，意为双手持枷去铐犯人。小篆字形❺，手枷的形状还在，但是右边被铐住双手的人的样子不大看得出来了。楷书繁体字形❻，右边定型为"丸"，中间的一点倒还有双手被铐的遗意。简体字的左边干脆简化为提手旁了。

《说文解字》："执，捕罪人也。"这就是"执"的本义，即拘捕、捉拿，引申为持、操持、主持、执行、控制的义项也都是由此而来，又因为双手被铐，一定要铐得很紧，以防脱逃，因此又为固执，一个人固执己见、执迷不悟的样子，跟紧铐双手不得挣脱的难受模样是何等相似！

古人把父亲的朋友尊称为"父执"。《礼记·曲礼上》中规定："见父之执，不谓之进不敢进，不谓之退不敢退，不问不敢对。此孝子之行也。""父之执"又

087

❹

❺

❻

称"执友",意思是"与父同志者也",和父亲秉持同一种志向。古人云:"同门曰朋,同志曰友。"故称"执友"。

古人还把为人送殡称作"执绋","绋"是下葬时引柩入穴的大绳。《礼记·曲礼上》中规定:"助葬必执绋""执绋不笑"。丧葬乃人生死之大事,必须庄重对待,因此参加葬礼的时候,一定要手执牵引灵柩的大绳以帮助行进,这时还不能笑,以示悲伤之情,所谓"君子戒慎,不失色于人"。

《诗经》中有"执子之手,与子偕老"的名句。郑玄说:"言执手者,思望之甚也。"鲜为人知的是,"执手"并不仅仅是互相拉手,还是北方少数民族相见时的一种礼节,也叫"执手礼"。《辽史》中详细描述了这种礼节:"执手礼:将帅有克敌功,上亲执手慰劳;若将在军,则遣人代行执手礼。优遇之意。"

古籍中常见"执牛耳"一语,比如《左传·哀公十七年》:"诸侯盟,谁执牛耳?"杜预解释说:"执牛耳,尸盟者。""尸"是祭祀时代表死者受祭的活人,"尸盟"指主持盟会的人。周代有名叫玉府的官署,负责掌管天子的玉器以及其他玩物,其中职责之一是:"若合诸侯,则共珠槃玉敦。"这讲的就是与诸侯盟会时的程序以及使用的器具。

"珠槃"(pán)是用珠装饰的盘,"敦"是青铜制成的食器,"玉敦"是用玉装饰的食器。古时以槃盛血,以敦盛食。孔颖达有关于盟会的详细描述:"盟之为法,先凿地为方坎,杀牲于坎上,割牲左耳,盛以珠槃，又取血盛于玉敦，用血为盟书，成，乃歃血而读书。""歃"（shà）的本义是微吸，微饮。"歃血"即微饮血，还有一种说法是"歃血"指用手指头蘸血，涂抹在嘴旁边。不管是微饮还是蘸血，都是双方之间诚意的表示。其中"珠槃以盛牛耳，尸盟者执之"，这就叫"执牛耳"，从主持盟誓的人引申为人在某方面居于领导地位。

狱

原告和被告跪坐着争辩

> 小大之狱，虽不能察，必以情
> ——《左传》

❶

"狱"的繁体字写作"獄"。相信很多人都有这样的疑问：监狱就是监狱，跟左右两条狗有什么关系？我们来看看这个字的古字形，慢慢剥开古人造字的来龙去脉。

甲骨文中还没有发现"狱"字，金文字形❶，中间是"言"，右边可以看得很清楚，是一只犬，但左边字符却显然与右边的犬形差别很大。小篆字形❷，两旁都规整化为"犬"了。

林义光和杨树达两位学者都认为中间的"言"乃是"辛"的讹写，"辛"即刑刀之形，借以表示罪犯，因此"从二犬从言，谓以二犬守罪人尔"。张舜徽先生在《说文解字约注》一书中也持这种观点："古之狱有犬以守之，故从二犬。"

《说文解字》："狱，确也。从狱从言。二犬，所以守也。"段玉裁注解说："狱字从狱者，取相争之意；许云所以守者，谓狴牢拘罪之处也。""狴犴（bì àn）"是形状像虎的野兽，常常画在狱门上，因此用作牢狱的代称。"确"指牢狱坚固，罪人无法得出，因此许慎用"确"来训"狱"。许慎的释义，就是二犬守狱的由来。

朱骏声在《说文通训定声》中则认为："两犬相争也。

❷

狱,讼也。狱之言觸也。"意思是说用两犬相争来比喻原告和被告双方言辞相驳,争辩是非曲直。但为什么偏偏用两条狗来比喻呢?无法自圆其说。

晚清学者于鬯则在《香草校书》中提出了质疑:"如谓牢狱,古人以犬守罪人,犹可言也,狱讼对质之时,焉用犬守为?"因此他认为这不是两犬,而是两人在法庭上跪坐对质之形:"自来诉讼必跪而对质。古跪即坐,故有坐狱之称……正二人跪而对质之象也,故中从言,其意晓然矣。"意思是说两人跪坐对质,中间的"言"表示对质的言辞,后来的篆文规整化的时候,将这一形象讹写为"犬"。

华中师范大学中文系教授何金松先生所著《汉字形义考源》认同此说,他认为"左旁之构件像人张口之形……右旁之构件看来像犬字,但金文犬字无有作此形者,乃是与左旁之构件相对的张口人形的讹变……金文'狱'字像二人相对张口争辩之形"。

此说最有说服力。因此"狱"的本义是指原告和被告之间的诉讼,牢狱不过是引申义而已。《左传·庄公十年》中有一句话:"小大之狱,虽不能察,必以情。"大大小小的诉讼案件,即使不能做到明察,也要根据实情去处理。用的正是"狱"的诉讼的本义。

至于当作牢狱讲,历朝历代还有不同的称谓。据东汉学者蔡邕《独断》记载:"夏曰均台,周曰囹圄,汉曰狱。"此外还有种种别名,此不赘述。

《彩绘帝鉴图说》(Recueil Historique des Principaux Traits de la Vie des Empereurs Chinois) 之 "纵囚归狱"
约 18 世纪，法国国家图书馆藏

　　《帝鉴图说》由明代内阁首辅、大学士张居正亲自编撰，是供当时年仅十岁的小皇帝明神宗（万历皇帝）阅读的教科书，由一个个小故事构成，分两编，"圣哲芳规"讲述历代帝王励精图治之举，"狂愚覆辙"剖析历代帝王倒行逆施之祸，每个故事均配以插图。此彩绘版《帝鉴图说》约绘制于清代早期，可能是当时的外销画，传入欧洲后添加了法文注释，并按照西方图书装订方法粘合成册。画面严谨工丽，略具西洋透视技法。

　　"纵囚归狱"的典故出自唐史：唐太宗亲自系囚（审查记载囚犯罪行的卷宗），见应死者，悯之，纵使归家，期以来秋就死。又敕天下死囚皆纵遣，至期来诣京师。至是九月，去岁所纵天下死囚，凡三百九十人，无人督率，皆如期自诣朝堂，无一人亡匿者，上皆赦之。

　　明德慎罚、以德化民是儒家政治的重要理念，纵囚归狱之举虽与律法龃龉，却是历来传颂的明君佳话。白居易诗云："怨女三千放出宫，死囚四百来归狱。"就是赞颂唐太宗的功德。

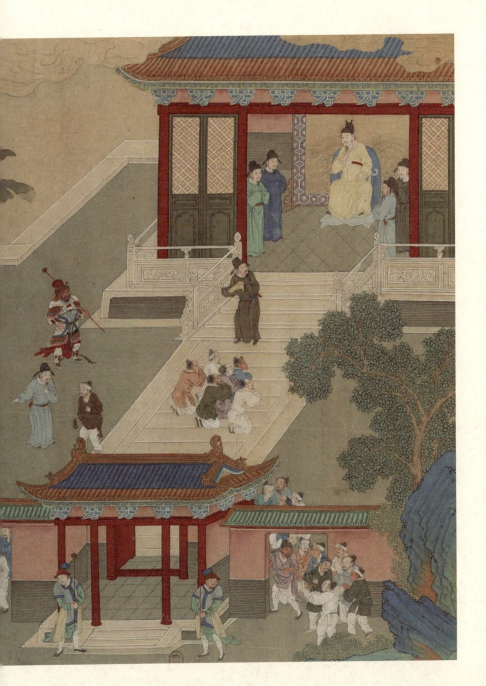

军事篇

戎

一手持戈一手持盾

元戎十乘，以先启行 ——《诗经》

❶

❷

人们常使用"投笔从戎"这个成语，比喻弃文从武，那么，"戎"为什么会指军队呢？古代中国称西部的少数民族为西戎，这真的是蔑称吗？

戎，甲骨文字形❶，这是一个象形字，右边是戈，左边是一面盾牌。金文字形❷，左边盾牌的形状更是栩栩如生。金文字形❸，刻字的人变懒了，盾牌形简略为"十"字形，"十"字形就是"甲"字的甲骨文写法，这就为小篆的讹变打下了基础。小篆字形❹，左边果然讹变成了"甲"，以至于许慎在《说文解字》中根据小篆字形误释为："戎，兵也，从戈甲。""甲"是士兵所穿的铠甲，已不同于原字形的盾牌了。

"戎"的本义就是戈和盾，这是古代士兵的标准配置，《诗经·抑》中有"弓矢戎兵"的诗句，即指弓、矢、戎、兵（战斧）这四种兵器。据《周礼》记载，周代有司兵一职，职责是"掌五兵、五盾"，其中的"五兵"就是《礼记·月令》中所说的"五戎"，郑玄解释说："五戎，谓五兵：弓矢、殳、矛、戈、戟也。"弓矢指弓和箭；殳（shū）是竹木所制，长柄无刃，用以撞击的兵器。这里的"戎"已引申为兵器的统称了。

❸

❹

《诗经·六月》中吟咏道:"元戎十乘,以先启行。"这里的"戎"指兵车,元戎即大的兵车,十辆大的兵车作为军队的先锋。不过"元戎"是周代兵车之名,夏、商的名称则不同。据《司马法·天子之义》载:"戎车:夏后氏曰钩车,先正也;殷曰寅车,先疾也;周曰元戎,先良也。"钩车之"钩"为马的大带,可以驾驭马匹,校正兵车前行的方向,故云"先正";寅车之"寅"是前进的意思,这种兵车能够进取远道,故云"先疾";元戎指最好的大兵车,故云"先良"。

《礼记·王制》中记载了西戎不同于中原民族的特征:"西方曰戎,被发衣皮,有不粒食者矣。"粒食,以谷物为食。中原诸国之所以称西部少数民族为"戎",乃是因为他们擅长持戈盾作战,是骁勇的武士。《大戴礼记·千乘》中也说:"西辟之民曰戎,劲以刚。"劲以刚,更是非常鲜明地描述了西戎部族骁勇武士的特征。因此,"戎"并非是蔑称,而是对西戎部族的客观描述,甚至还有"劲以刚"的褒扬之词。

东汉学者应劭在《风俗通》中说:"西方曰戎者,斩伐杀生,不得其中。戎者,凶也。"将"戎"释义为"凶",可知这时已将西戎其名视作蔑称了。不过"斩伐杀生"和"凶"的评价,仍然透露出西戎重兵尚武、争强好胜的习性。

兵

两只手举着兵器

军事，建车之五兵 ——《周礼》

❶

过去军阀混战的年代，民间常常把当兵的谑称为"丘八"，乃是破"兵"而为"丘八"，这纯属望字生义，与"兵"的造字思维完全无关。

兵，甲骨文字形❶，下面的两只手看得很清楚，两只手捧着的是什么东西呢？其实就是"斤"，"斤"是曲木柄、头部有刃的工具，许慎释义为"斫木也"，砍伐树木的斧头。张舜徽先生在《说文解字约注》一书中解释说："今木工犹用二斧，大者以之劈判木材，小者以之削皮平节，俗皆谓之斧。"结合出土实物，学者们早已判定这种叫"斤"的工具就是今天俗称的锛子，木柄和刃具相垂直，呈丁字形，刃具扁而宽，作用是去皮去节，削平木料，与这个字形中的"斤"形一模一样。

兵，金文字形❷，上面的"斤"发生了变形，为小篆字形❸打下了基础。《说文解字》："兵，械也。从廾持斤，并力之貌。"段玉裁进一步解释说："械者器之总名。器曰兵，用器之人亦曰兵。"也就是说，兵器和执兵器的人都可称"兵"。徐中舒先生在《甲骨文字典》中总结道："斤为生产工具，亦用为武器。以两手持斤，表示兵器与武力。"

因此，如果非要把"兵"破开而具备实际含义的，那么就应该破而为"斤廾"，"廾"即"拱"，两手捧

❷

❸

物之意。当然,这不过是戏言而已。

  古有"五兵"之说,这是指兵器的五种门类。据《周礼》记载,周代有"司兵"一职,职责之一就是"掌五兵"。哪五兵?东汉学者郑众注解说:"五兵者,戈、殳、戟、酋矛、夷矛。""戈"是长柄横刃、可勾可击的青铜兵器;"殳"是竹木所制、长柄无刃、用以撞击的兵器;"戟"是一种分枝状兵器,既能直刺,又能横击;"酋矛"是长二丈的矛,"夷矛"是长二丈四尺的矛,进攻时持较短的酋矛,防守时持较长的夷矛。

  《礼记·月令》中则称之为"五戎",郑玄注解说:"五戎,谓五兵:弓矢、殳、矛、戈、戟也。"这是讲的步兵的配置。步兵不需要较长的防守所用的夷矛,但增加了弓矢(弓和箭)。

  "司兵"的职责还有:"军事,建车之五兵。"军事行动之前,要在兵车上竖立"五兵","建"即竖立之意。这就是《礼记·少仪》所说的"乘兵车,出先刃,入后刃":兵车上竖立的五种兵器,出城打仗时要把刀刃向前,以示决战的勇气;入城返回时要把刀刃向后,不能对着自己的国家。

  关于"建车之五兵",《诗经·鲁颂·閟(bì)官》中有极为鲜丽的描绘:"公车千乘,朱英绿縢。二矛重弓。"这是夸耀鲁僖公战车的威风。"朱英"指酋矛和夷矛的缨饰,用丝缠成而染以红色;"縢(téng)"是绳索;"重弓"指两张弓,损坏时可以换用,用绿绳将两张弓捆扎在一起。兵车上共有三人,中间是驾车的御者,左边的人持弓,右边的人持矛,进攻时持较短的酋矛,防守时持较长的夷矛。孔颖达注解说:"右人所持者朱色之英,左人所持者绿色之绳。此朱英、绿绳者,是二矛、重弓也。"真是一幅美丽的画面!

《诗经·豳风图·破斧》

（传）南宋马和之绘，赵构书，绢本设色长卷，美国大都会艺术博物馆藏

马和之，钱塘（今浙江杭州）人。绍兴进士，官至工部侍郎（一说为画院待诏）。擅画人物、佛像、山水，自创柳叶描，行笔飘逸，着色轻淡，人称"小吴生"。宋高宗和宋孝宗曾书《毛诗》三百篇，命马和之每篇画一图，汇成巨帙。其作笔墨沉稳，结构严谨，笔法清润，景致幽深。该系列摹本众多，存世至今约16卷，风格、水平不一，散藏于几大博物馆。《豳风图》即为《诗经》系列图之一。

《豳风图》卷根据《诗经·国风·豳风》的诗意而作。全卷共分七段，每段画前书《豳风》原文。这段描绘的是《破斧》诗意。诗第一章云："既破我斧，又缺我斨。周公东征，四国是皇。哀我人斯，亦孔之将。"此诗赞美周公东征之举，同时怜悯将士死里逃生。画面描绘的是两位大夫，右边高髻者左手执一破斧，右手指斧，面容肃穆，似在诉说；左边高冠者也用手指点，面容和蔼，似在应答。人物勾勒细致，髭发毕现。破斧，一说指武器简陋，一说喻战争艰苦。

一支矛有锋刃、矛身和装柄的孔

称尔戈，比尔干，立尔矛，予其誓
——《尚书》

"矛"是古代战争中最为常见的进攻性武器之一。已经出土的甲骨文中还没有发现"矛"字，我们来看看它在金文中的字形❶，这就是一柄矛的象形。甲骨文大家于省吾先生在《双剑誃殷契骈枝续编》中解释说："上象其锋，中象其身，下端有銎，所以纳柲，一侧有耳，耳有孔，盖恐纳柲于銎之不固，以绳穿耳以缚之，亦有两侧有耳者。"

这段话里的"銎（qiōng）"指装柄的孔，"柲（bì）"就是柄。于省吾先生是根据出土实物所做的释义，而这个金文字形就相对比较简单了，仅仅画出上面的锋刃、矛身和装柄的孔而已。小篆字形❷，有所变形。徐锴认为中间竖立者表示矛身，两侧的增饰表示"旄属"，即用飞禽的羽毛制成的装饰物。许慎还收录了"矛"的古文字形❸，右边从戈，表示矛和戈属于同一种长柄的兵器，左边则是有毛羽装饰的矛。这是一个非常美丽的字形。

《说文解字》："矛，酋矛也，建于兵车，长二丈。象形。"古时兵车上竖立有两支矛，长二丈的"酋矛"和长二丈四尺的"夷矛"，进攻时持较短的酋矛，防守时持较长的夷矛。步兵则只持酋矛，因此许慎只用"酋矛"来释义。

  《尚书》记周武王伐纣,到达商郊的牧野时作《牧誓》,其中说道:"称尔戈,比尔干,立尔矛,予其誓。""称"是举起的意思,戈较短,因此要举起示威;"比"是并列的意思,干指盾牌,盾牌需要并列在一起;矛则较长,因此立于地即可。将这些示威的举动都完成之后,然后周武王才开始立誓。

  "矛"还有另外一种比较奇特的形制。《诗经·国风·小戎》是一首秦地妇人思念出征丈夫的诗篇,其中吟咏道:"俴驷孔群,厹矛鋈錞。蒙伐有苑,虎韔镂膺。交韔二弓,竹闭绲縢。"这短短几句诗,把战车上置备的兵器以及兵器的装饰、收藏的情状都淋漓尽致地罗列了出来。

  "俴(jiàn)"是浅、薄的意思;"驷"指四马驾一车;"俴驷"指四匹马都披着薄金所制的介胄;孔群,甚群,形容四匹马很协调的样子;"厹(qiú)矛"指三隅矛,刃有三叉;"鋈(wù)"指消融白金以为银饰;"錞(duì)"是矛柄下端的平底金属套;"蒙"指杂色,"伐"是盾牌之名,"蒙伐"即指盾牌上画有杂色毛羽的文饰;"苑"指这些文饰之貌;"韔(chàng)"是装弓的弓囊,用虎皮所制,故称"虎韔";"膺"指马当胸的带子,以金镂刻,故称"镂膺";"交韔二弓"的意思是把两张弓交错放置于弓囊中,以备损坏;"闭"通"柲",弓松弛时用绳子绑在里面防止损伤的器具,竹制,故称"竹闭";"绲(gǔn)"是绳子,"縢"是缠束的意思,用绳子把弓缠束起来,然后再放入弓囊之中。

  古人做事之精细,真是令人叹为观止!

《三国志长坂桥图》(三国志長坂橋の図)

歌川国芳绘,1852年

  这幅画的是张飞据水断桥的故事。

  当时刘备依附刘表,刘表死后,曹操犯荆州,刘备逃往江南,曹操率精锐穷追不舍。一日一夜,及于当阳之长阪。刘备闻曹公猝至,抛弃妻子狼狈而逃,令张飞率二十骑拒后。张飞据水断桥,瞋目横矛曰:"张翼德在此,可来共决死!"敌皆无敢近者。

  小说《三国演义》中渲染,张飞一声霹雳,夏侯霸惊得肝胆碎裂,倒撞于马下。曹军人如潮退,马似山崩,曹操更是吓得魂不附体。张飞的兵器是一柄丈八蛇矛,矛尖如白蛇吐信,百万军中取敌将首级,犹如探囊取物。

一面带有画饰的盾牌

龙盾之合，鋈以觼𮧞 ——《诗经》

❶

明清时期，军队中常用的一种盾牌叫"藤牌"，顾名思义，是用粗藤编制，呈圆盘状，中心凸出，周檐高起，里面用藤条编成上下两环，以便手执。这大概就是今天的人们所能够想象的盾牌了，不过商周时期的盾牌可远远不是这么简单的样子。

盾，甲骨文字形❶，这是最早期的盾牌之形，呈方形或长方形，上下的两竖类似于藤牌里面的便于手执的上下两环，中间的方形则是画饰。也就是说，早期的盾牌正面都有画饰，或威慑敌人，或自振雄风。

《诗经·国风·小戎》是一首秦地妇人思念出征丈夫的诗篇，其中吟咏道："龙盾之合，鋈以觼𮧞。""鋈（wù）"指银饰；"觼（jué）"指有舌的环，舌用以穿过皮带，使之固定；"𮧞（nà）"是车两侧最外面的两匹马靠里面的缰绳。"觼"在车前的横木上固定住，然后把最外面两匹马的内辔系在上面，这就叫"觼𮧞"；"觼𮧞"上面都以消融的白金以为银饰，这就叫"鋈以觼𮧞"。

龙盾，《毛传》释义为："画龙其盾也。"盾牌正面绘有龙纹。很显然，区别于狰狞的虎头、狮面，龙纹

❷   ❸

乃是显示威风。

盾，金文字形 ❷，这个字形就比较复杂了。于省吾先生认为上面是人，表示人手执盾牌；下面则像有纹理形的盾牌之形。小篆字形 ❸，上面是手执之人的讹变，下面则讹变为"目"。

许慎在《说文解字》中就是根据小篆字形释义为："盾，瞂也。所以扞身蔽目。""扞（hàn）"是护卫之意，"扞身"即手执盾牌保护自己。"瞂（fá）"也指盾牌，扬雄所著《方言》载："自关而东或谓之瞂，或谓之干。关西谓之盾。"张舜徽先生在《说文解字约注》一书中进一步解释说："盖扞身之事，以蔽目为亟，举目即可该百体也。语云：'如护头目。'言目在全身为最重耳。"

这都是在解释"盾"的下面为什么从"目"的道理，意思是说眼睛是人体最重要的部位，手执盾牌第一要务就是保护眼睛。但这个解释很牵强：盾牌蔽目当然能够保护眼睛，但同时也就看不见敌人了；而且盾牌也不至于大到既能蔽目又能保护全身的程度，比如明清藤牌的圆径也不过三尺。

因此，正如马叙伦先生的疏证，此"目"乃是有画饰的盾牌的变形，"非耳目字也"，从金文字形可以看得很清楚。

据《周礼》记载，周代有"司兵"一职，职责之一是掌管"五盾"，但五盾之名，除了朱干、中干和橹这三种盾牌之外，其余两种都已经失传了。

刀

一把有柄、背和锋刃的刀

> 刀却刃授颖，削授拊
> ——《礼记》

❶　　　　　❷

"刀"就是所用之刀，三千年来这一基本义项从来没有改变过。不过，古人对刀的各个部位区分之详细，以及附着于用刀上的种种礼仪，却是今人所不了解的。

刀，甲骨文字形❶，栩栩如生的一个象形字：上为刀柄，刀柄以下是横贯的刀背，左边的一撇表示刀锋。甲骨文字形❷，刀柄画得更弯曲，更适合手握。金文字形❸，字形与❶基本相同，只是书写角度不同。金文中以"刀"为偏旁的汉字比比皆是，字形均同于甲骨文。小篆字形❹，更突出了弯柄之形。

《说文解字》："刀，兵也。象形。"张舜徽先生在《说文解字约注》一书中解释说："刀之为器，用以切物，亦用以杀牲，亦用以御敌。远古兵器之始，必以刀为最朔。自干戈矛戟之属竞起，刀始专为切物之用，故《周礼》五兵不言刀。许君以兵训刀者，盖推本言之。"所谓"五兵"，指戈、殳、戟、酋矛、夷矛这五种兵器。

东汉学者刘熙在《释名·释兵》中对刀的各个部位有详细的记载："刀，到也，以斩伐，到其所，乃击之也。其末曰锋，言若蜂刺之毒利也。其本曰环，形似环也。其室曰削，削，峭也，其形峭杀，裹刀体也。室口之饰

口琫,琫,捧也,捧束口也。下末之饰曰珌,珌,卑也,在下之言也。"

"其末曰锋",即刀锋,像毒蜂之刺;"其本曰环",即圆环形刀柄;"其室曰削","削"通"鞘",刀鞘,又称"刀室",像包裹刀体之室;"室口之饰曰琫","琫(běng)"是刀柄处的装饰物,天子以玉,诸侯以金;"下末之饰曰珌","珌"通"鞞(bǐng)",刀鞘下端的装饰。

此外,刘熙还记有短刀和佩刀的形制:"短刀曰拍髀,带时拍髀旁也;又曰露拍,言露见也。佩刀,在佩旁之刀也;或曰容刀,有刀形而无刃,备仪容而已。""髀(bì)"是大腿,带刀人走路时短刀拍着大腿,故名"拍髀";短刀带在明处,一望可见,故又名"露拍"。佩刀则没有锋刃,是参加礼仪活动时所带之刀,以壮仪容。

关于执刀的礼仪,《礼记·少仪》中规定:"刀却刃授颖,削授拊。凡有刺刃者,以授人则辟刃。""颖"指刀环、刀柄,递刀给别人时,使刀刃向后,将刀柄递人;"削"指曲刀,刀身直的是直刀,刀身弯的即曲刀,"拊(fǔ)"是刀把,把曲刀递给别人时,也要将刀把递人。"辟"通"避",凡是把有锋刃的东西递给别人时,都要避开锋刃,不让锋刃正对着别人。

此外,形状像刀的东西也可称"刀",比如刀币,比如一种像刀的小船。《诗经·国风·河广》是一首卫地民歌,其中有"谁谓河广?曾不容刀"之句,意思是:谁说黄河宽?竟容不下一条小船。这种刀形的小船后来写作"舠"。

弓

一张反曲的松弛的弓

弓人为弓，取六材必以其时 ——《周礼》

❶

❷

"弓"是汉字部首之一，从弓的汉字都与弓箭有关。我们来看看"弓"是怎么造出来的，冷兵器时代，在古代中国地位极其重要的"弓"都有哪些有趣的讲究。

弓，甲骨文字形❶，很明显是一张弓的象形，弯曲的部分为弓体，上面的一撇是松弛的弓弦。因此，这是一张弛弓，没有拉开的松弛之弓。而且这还是一张反曲弓，即弓体中央的弧形部分向里凹进，发射威力更大。清代学者孔广居说："弓藏则弛。兵为凶器，藏之时多，故取其象也。"甲骨文字形❷，这是一把张开的弓，而且还是一把复合弓，即用多层竹木制成弓身，上下用兽筋缚紧，区别于用单层竹木制成的单体弓。金文字形❸，张弓。金文字形❹，弛弓。小篆字形❺，紧承甲骨文和金文字形而来。

《说文解字》："弓，以近穷远。"弓箭的发明者其说不一，《山海经》云"少皞生般，般是始为弓矢"，还有的古籍称是黄帝的大臣发明的，或者是射日的羿发明的。不过考古发掘显示三万年前的旧石器时期就已经有了弓箭，当然是最简陋的单体弓。

周代时，弓箭之制早已大备。据《周礼》载，周代

❸ ❹ ❺

有"司弓矢"一职,"掌六弓、四弩、八矢之法"。

"甲革"指皮革所制的兵甲;"椹(zhēn)"是斫木制成的垫板,"质"是箭靶,"椹质"即厚木板的箭靶。甲革和椹质厚而坚硬,因此要用王弓和弧弓这两种强弓来射。"犴"是一种野狗,"侯"是箭靶,"犴侯"即用野狗皮所制或装饰的箭靶。射犴侯和鸟兽不需要用最强的弓,夹弓和庾弓射力较弱,用之即可。唐弓和大弓则是强弱程度中等的弓,适合学习射术者、使者和勤劳王事者所用。

制弓还有更严格的要求。《周礼·考工记》载:"弓人为弓,取六材必以其时,六材既聚,巧者和之。"六材的取用要合乎时令。何谓"六材"?"干也者,以为远也;角也者,以为疾也;筋也者,以为深也;胶也者,以为和也;丝也者,以为固也;漆也者,以为受霜露也。"

"干"即弓干、弓身,讲究的是射得远,因此要在冬天斫木制成,取其坚硬;"角"即弓角,指缚在弓干中部、增加强度的兽筋片,讲究的是射得快,因此要在春天用水煮角,使其柔韧;"筋"即弓弦,讲究的是射得深,因此要在夏天制筋,取其弹性大,又不会紊乱;"胶"即黏合的弓胶,"丝"即缠绕使之坚固的弓丝,"漆"即外涂防寒的弓漆,秋天的时候用这三种材料将弓干、弓角和弓筋组合在一起,经过一个冬天,整张弓就不会变形。

此外还有用弓的种种礼仪,极为烦琐,不再赘述。

《诗经·小雅·南有嘉鱼篇书画卷·彤弓》
（传）南宋马和之绘，赵构书，绢本设色，美国波士顿艺术博物馆藏

此卷为马和之绘《诗经》系列图之一。

《彤弓》是《诗经·小雅》中的一篇，周代燕乐的雅歌，描述周天子赏赐诸侯彤弓，并设宴招待他们的情景。彤弓指漆成红色的弓。周天子用弓矢等物赏赐有功的诸侯，是西周到春秋时代的一种礼乐制度。

"彤弓弨兮，受言藏之。"赐弓的仪式慎重又隆重。画面上，彤弓陈列在庭中锦茵之上，受赐诸侯正在行礼拜谢。两旁是钟鼓仪仗之属，有一位大臣展开竹简宣读赏赐的诏书。画面既肃穆又不乏宴飨的欢乐气氛。

110

疾

腋下的箭伤

> 寡人有疾,寡人好色
> ——《孟子》

❶　　　　❷　　　　❸

《孟子》中记载了齐宣王和孟子的一段对话,很有意思:

王曰:"寡人有疾,寡人好色。"对曰:"昔者太王好色,爱厥妃。诗云:'古公亶父,来朝走马,率西水浒,至于岐下,爱及姜女,聿来胥宇。'当是时也,内无怨女,外无旷夫。王如好色,与百姓同之,于王何有?"

这段对话的意思是:齐宣王说:"我有一个毛病,我好色。"孟子回答道:"过去周太王好色,爱他的妃子。《诗》上说:'周太王古公亶父,清晨纵马奔驰,沿着西边的河岸,到了岐山脚下,带着妻子姜氏,来察看新居。'那个时候,内无没出嫁的女子,外无娶不到妻的男子。大王如果好色,像周太王一样让百姓也能嫁娶,对大王有什么难的呢?"

这里的"疾"是毛病、缺点的意思。"疾"为什么会具备这个义项呢?

疾,甲骨文字形 ,这是一个会意字,右边是一个站立的人,他的右腋下中了一支箭("矢"的甲骨文字形就是一支箭)。甲骨文字形 ,有两支箭从右下方射向腋下。金文字形❸，这支箭射向左腋下的样子更加形象。金文字形❹，左边站立的人有些变形，但是箭射中了左腋下却更加明显。《说文解字》还收录了一个古文字形❺，在人和箭的左边添加了一张床，表示人受了箭伤躺在床上，好像能听到伤重哀叹的声音。小篆字形❻，左边同样是张床，但人形已经不大看得出来了。楷体字形人和床变化为"疒"，成为偏旁，下面的箭则正式定型为"矢"。

《说文解字》："疾，病也。"那么，"疾"和"病"有什么区别呢？段玉裁解释道："析言之则病为疾加，浑言之则疾亦病也。"也就是说，"疾"是轻微的病，"疾"多了，累积起来就变成了"病"，"病"的程度比"疾"要重，此之谓"病为疾加"。段玉裁又说："矢能伤人，矢之去甚速，故从矢会意。"射出去的箭速度很快，因此可以引申当作形容词用，比如快速、急速、敏捷、急剧而猛烈等义项，"草枯鹰眼疾""疾风知劲草，板荡识诚臣"都是用的这个引申义。

其实从造字的本源来看，"疾"的本义应该解释为箭伤，引申而为疾病。腋下的箭伤不会致命，也不严重，因此"疾"的语感要比"病"轻得多。只要是人，都有毛病和缺点，这是人性使然，并非致命的错误，因此才有"寡人有疾，寡人好色"的用法。

有趣的是，佛教徒生病有个特定称谓，叫作"维摩疾"。据《维摩经》记载，佛在毗耶离城庵摩罗园，城中众人请佛说法，城中的长者维摩诘却故意称病不往，佛于是派文殊师利等人前去询问维摩诘生的是什么病，维摩诘回答道："以一切众生病，是故我病；若一切众生得不病者，则我病灭。"又说："菩萨疾者，以大悲起。"表明了自己的悲悯之心。后人于是就把佛教徒生病美誉为"维摩疾"。清人周亮工有诗："谁任维摩疾，空床黄叶林。"至于一般的士人和官员，则谦虚地称自己得的病为"狗马疾"，尤其是面对皇帝的关心询问，常常以"狗马疾"自称，这也可见"疾"属于比较轻的病症。

矢

一支带箭头、箭杆和箭尾的箭

独寐寤言，永矢弗谖
——《诗经》

❶

❷

❸

矢者，箭也，尽人皆知。不过古人对"矢"的分类非常细，冷兵器时代结束之后，"矢"的有趣的分类再也不为今人所知了。

矢，甲骨文字形❶，这是一个很明显的象形字，共分为三个部分：上部是箭头，中间是箭杆，下部是箭尾。《说文解字》："矢，弓弩矢也……象镝、栝、羽之形。"箭杆一望便知，因此许慎的解释省去了箭杆；"镝"就是箭头，不过在"矢"的这个字形中，上部的箭头处有三个小孔，可知这支箭乃是"鸣镝"，即响箭，箭上凿有三个小孔，箭射出去后，被风声所激，三个小孔就会发出响声，考古出土的箭中有很多这种形制的鸣镝，据《史记·匈奴列传》记载，冒顿单于最先制成此箭，训练兵士听到鸣镝之声就齐齐射箭，然后用此计射杀了父亲，从而自立为单于；"栝（kuò）"是箭末扣在弓弦上的地方，即箭尾交叉之处的顶端；"羽"当然就是鸟羽，缀在箭尾，为的是让箭飞得更稳。

矢，甲骨文字形❷，这支箭是一支普通的箭，不再是鸣镝。甲骨文字形❸，箭杆和箭尾相交处添加了一短横，有人认为这是将箭羽缚牢而缠绕的丝线，我认为这是

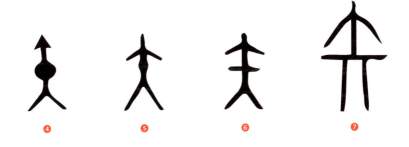

一个指事符号,将箭搭在弓弦上然后用力拉开,这个指事符号表示弓拉满后箭杆中部的平衡之处。金文字形 ❹ 和 ❺,箭杆中部的臃肿圆点更像弓拉满后和箭杆的组合指事,表示这是箭杆中部的平衡之处。金文字形 ❻,中部同样是一横。小篆字形 ❼,中部的一横拉长,不大看得出箭的形状了。楷体字形则变形得更厉害。

据《周礼》记载,周代有"司弓矢"一职,"掌六弓、四弩、八矢之法"。所谓"六弓",分别是：力量强劲,可以远射甲革坚硬之物的王弓和弧弓；力量较弱,只能近射箭靶和鸟兽的夹弓和庾弓；力量居中,习射者和使者所用的唐弓和大弓。所谓"四弩",分别是：有利攻守的夹弩和庾弩,有利车战野战的唐弩和大弩。所谓"八矢",分别是：利火射,用于守城车战的枉矢和絜(jié)矢；用于近射田猎的杀矢和鍭(hóu)矢；用来射飞鸟的矰(zēng)矢和茀(fú)矢；用于射礼和习射的恒矢和庳(bì)矢。

《诗经·考槃》中有"独寐寤言,永矢弗谖""独寐寤歌,永矢弗过""独寐寤宿,永矢弗告"的诗句。寐寤,睡和醒,指日夜；谖(xuān),忘记。这是关于贤德之人的赞歌,描述他即使独自度日,仍然发誓不忘正道。其中"矢"通"誓"。"矢"为什么能够通"誓"呢？"誓"的本义是折箭为誓以相约束,本来是军旅所用。据《周礼》记载,周代有士师一职,所掌五戒之一即是"一曰誓,用之于军旅",箭乃军用之物,折箭为誓以约束将士听从号令,因此"矢"可通"誓"。

射

用手拉开弓射箭

枉为乡里举，射鹄艺浑疏 ——姚合

❶

❷

射者，男子之事也。儒家要求学生掌握的六项基本技能——礼、乐、射、御、书、数。射即为其中很重要的一项。先秦时期，每年的春秋两季，各乡都要举办乡射礼，乡射礼之前还要先举办乡饮酒礼，为的是"明长幼之序"。乡射礼有许多具体的礼仪和规定，《礼记》专辟"射义"一节，讲解"射"的意义；《仪礼》也专辟"乡射礼"一节，讲解举行射礼时应该遵循的步骤和礼节。唐代诗人姚合有"枉为乡里举，射鹄艺浑疏"的诗句，就是描写的这种乡射礼。射鹄是箭靶子。"射"的重要性由此可见一斑。

射，甲骨文字形 ❶，这是一个会意字，由弓和箭两部分组成，会意为张弓射箭。甲骨文字形 ❷，弓和箭结合得更紧凑。金文字形 ❸，变得更加美观，也更加形象。金文字形 ❹，在弓的后部添加了一只手，表示用手射箭。小篆字形 ❺，弓和矢（箭）的形状被误写作"身"字，以至于看不出来射箭的样子了，不过右边的手形还在，"寸"就是手的形状。

《说文解字》："射，弓弩发于身而中于远也。"这是许慎根据小篆字形而得出的误读，因为要解释小

❸　❹　❺

篆字形中的"身"字，所以才说"弓弩发于身"，其实"射"的本义就是射箭，跟身体没有任何关系。

乡射礼的程序很繁复，此处不赘述，有趣的是射箭时还要随着音乐的节拍，只有应和着音乐的节拍射中靶心才能算数。《礼记·射义》中还有对比赛失败者的要求："射者，仁之道也。射求正诸己，己正然后发，发而不中，则不怨胜己者，反求诸己而已矣。孔子曰：'君子无所争，必也射乎！揖让而升，下而饮，其争也君子。'"失败者不能怨恨胜利者，要"反求诸己"，反省自己为什么会失败，是不是己身不正的缘故。孔子说："君子没有什么可跟别人争的。如果说君子一定有可跟别人争的事情，那就是举行射箭比赛的时候。射箭比赛之前相互揖让，然后登堂比赛，比赛完了相互揖让然后下堂，胜利者要揖让失败者饮酒，射箭比赛这种争也是君子之争。"

古时举行射礼有五种射箭法，称作"五射"。章炳麟先生曾经慨叹过今人已经不明白"五射"的精髓了。五射之法的名称都很好听，依次为：白矢、参连、剡注、襄尺、井仪。根据历代学者的注疏，简单介绍于下：白矢，指箭射穿靶子而露出箭镞；参连，指每射共四箭，先放一箭，后三箭连续发出；剡（yǎn）是锐利的意思，剡注，指射出去的箭箭羽高而箭头低，需要射手拉满弓弦，全力射出；襄尺，指君臣共射时，按照礼节，臣不能和君并立，要避让君一尺之地，"襄"通"让"；井仪，指每射共四箭，四箭连射，射中箭靶后要呈"井"字的形状，这样射中的面积大，杀伤力也大。

函

把箭装进箭囊里

矢人惟恐不伤人，函人惟恐伤人

——《孟子》

❶

❷

❸

"函"字今天只用于"信函"等类似的义项，"信"是里面的书信，"函"是外面的封套，合称"信函"。想想《战国策·燕策》中那个著名的场景吧："遂收盛樊於期之首，函封之。"逃亡的秦国将军樊於（wū）期为帮助荆轲刺秦王，自刎而死，荆轲将他的头颅"函封之"，装在匣子里封存起来，要去献给秦王。"函"为什么会当作匣子讲呢？

函，甲骨文字形❶，这是一个有趣的象形字，里面是一支箭，外面是箭囊，箭囊右上侧还有一个系扣，用来手持或者悬挂。甲骨文字形❷，箭头朝下，系扣在左侧。甲骨文字形❸，有人认为前两个字形中，装箭的是箭筒，从这个字形可以看出实是箭囊。这种箭囊称作"矢箙（fú）"，郑玄说："箙，盛矢器也，以兽皮为之。"金文字形❹，箭矢、矢箙、系扣之形更是栩栩如生。金文字形❺，系扣上甚至还有纹饰。小篆字形❻，一眼就可看出，这个字形乃是甲骨文和金文字形的讹变，而且变形得非常厉害，以至于许慎在《说文解字》中释义为："函，舌也。象形。"许慎虽然指出这是一个象形字，但释义完全错误。"函"的本义就是"矢箙"，盛矢器。

❹　　　　　　　❺　　　　　　　❻

孟子在《公孙丑上》篇中讲了一个道理："矢人岂不仁于函人哉！矢人惟恐不伤人，函人惟恐伤人。"常人总以为造箭的人唯恐不伤人，造铠甲的人唯恐伤人，但这只是二者的技艺不同罢了，并不是说造箭的人就比造铠甲的人不仁义。古时作战时所穿的护身铠甲最初是用兽皮做的，战士穿上铠甲，恰似箭矢装在兽皮制的矢箙之中，"函"因此引申为铠甲，"函人"即造铠甲的工匠。

张舜徽先生即据此认为"窃意此字当以函人之函为本义"。他说："所谓函者，犹今俗所称挡箭牌也……其中从矢，乃喻此为矢之所集，所以御矢，非谓藏矢于其中也。"此说虽然新颖，但是如果本义为挡箭牌，那么对方射来的箭一定会丛集于铠甲的表面，但"函"的字形中，箭矢明明整体都装进了箭囊里，尤其是甲骨文字形 ❸，上面还有束起箭囊的绳端之形。再者，对方射到铠甲上的箭，一定是箭头朝前，不可能箭头朝上或朝下，可是"函"的字形中，箭头却朝上或朝下，因此"函"的本义绝不是铠甲。

"函"由盛矢器引申为匣子，当然就顺理成章了；又可以由箭在囊中引申为包含、容纳。《礼记·曲礼上》篇中规定："若非饮食之客，则布席，席间函丈。""非饮食之客"指客人不是来吃饭饮酒，而是来讲说讨论问题的。郑玄解释说："函，犹容也。讲问宜相对，容丈，足以指画也。"二人相对讲问，肯定有双手比比画画的肢体语言，因此席间要容留出一丈的距离，此之谓"函丈"，后来就用作对前辈学者或老师的敬称。

《鞑靼人马图》册页

明代佚名绘,绢本设色,美国弗利尔美术馆藏

弗利尔美术馆拥有全美最多、最精彩的中国绘画藏品,包括大量宋元明各朝代的中国古画。

此图无款,为一组明人册页中的一帧。画中,一个没戴帽子的鞑靼人牵着一匹四蹄踏雪的黑色骏马,向画外走去。似乎是狩猎归来,或扎营后的闲暇时分,要牵马去附近的河水中饮马洗浴一番。解下的雕鞍辔头、弓箭衣帽等,随意堆放在画面一角。细看,水囊、箭囊、弓箭历历在目。箭囊是兽皮制成,箭羽鲜明整齐,显得装备精良。

用楔子把戈的刃和长柄固定在一起

箫韶九成，凤凰来仪 ——《尚书》

"成"这个字的字形众说纷纭，没有定论。这里先介绍各种解释，最后再提出自己的新解。

成，甲骨文字形 ❶，这毫无疑问是一个会意字，主体部分是一支戈，没有异议，但左下角这一小竖代表的是什么东西，各种解释的分歧就在于此。

第一种解释是：这一小竖是"杵"的形状，上边的"戈"也可以认作斧形，斧、杵具备，就可以做成很多事情。

第二种解释是：这一小竖是指事符号，像是戈上滴下来的血，会意为收兵藏戈，战乱平息了。

第三种解释出自谷衍奎编纂的《汉字源流字典》："甲骨文像以斧劈物形，表示斩物为誓以定盟之意。犹如折箭为誓、歃血定盟一样，是古代发誓的一种风俗。"

第四种解释最为奇特，出自白川静先生，他认为这一小竖乃是饰物下垂之态，戈制作完成后，要在戈上装饰某种饰物，用以举行除恶的祭礼。

以上四种解释虽然有一定的道理，但是甲骨文中出现更多的是字形 ❷，从而推翻了第一、第二、第四种解释，左下角这个小小的圆形物体既不是"杵"形，又不

❸ ❹ ❺

是血滴形,更不是饰物;至于第三种解释中的"斧劈物形",那么字形❶中的这一小竖未免过小,为何不选取一个较大的物体来劈呢?况且这种解释并未举出实例,来证明哪种定盟方式采用的是"斧劈物形",而折箭为誓和歃血定盟,史书都有相应的记载。

因此,以上四种解释都不能成立。我的解释是:甲骨文字形❶和金文字形❸中,这一小竖是竹木或金属制成的楔子的形状,即"丁"字的初文,后来添加了一个"金"字旁写作"钉",也就是钉子;甲骨文字形❷中,这个圆形物体就是这种楔子的俯视图,即楔子或钉子的顶部。金文字形❹是"成"的另一种古文字形,就看得更加清楚了,楔子或钉子长长的身体上端,还有一个圆圆的钉帽。小篆字形❺,"戈"里面更像一只钉子的形状。楷体字形里面的钉子加以变形,看不出来原来的样子了。

"成"的各种字形会意为用楔子或钉子把"戈"的刃和长柄固定在一起,固定完成后,就可以持戈出征了,因此《说文解字》解释道:"成,就也。"这是"成"的引申义,引申为完成、成就、平定等各种义项。乐曲一章终了也叫"成",比如《尚书》中说:"箫韶九成,凤凰来仪。"箫韶相传是舜制成的乐章,奏了九章之后,凤凰也来起舞。

"成"又可引申为成规,即已经完成并定型的规则。周代有士师的官职,职责之一就是"掌士之八成",用八种成规执掌禁令刑狱。这"八成"分别是:"一曰邦汋,二曰邦贼,三曰邦谍,四曰犯邦令,五曰挢邦令,六曰为邦盗，七曰为邦朋，八曰为邦诬。"一曰邦汋，"汋"通"酌"，指盗取国家机密者；二曰邦贼，叛逆作乱者；三曰邦谍，为别国做间谍者；四曰犯邦令，抗拒国君指令者；五曰挢邦令，矫称假托国家法令者；六曰为邦盗，窃取国家宝藏者；七曰为邦朋，互相勾结违法乱纪者；八曰为邦诬，诬罔君臣，歪曲事实者。此之谓"八成"之罪，可称得上井井有条，巨细靡遗。

我

一柄锯齿状的兵器

昔我往矣，杨柳依依
——《诗经》

❶ ❷

"我"被用作第一人称代词是假借来的，最早的"我"字并不是这个意思。

我，甲骨文字形❶，是一个象形字，左边是一把有三个锯齿的戈，右边是长柄，由此可知"我"的本义为一柄锯齿状的兵器。甲骨文字形❷，大同小异。金文字形❸，形状变得更加锋利。金文字形❹，锯齿更加突出，看上去有一种身体疼痛的感觉。小篆字形❺，还勉强能够看出来戈的形状。

周武王伐殷，在孟津渡发表了三篇《泰誓》，其中有"我伐用张，于汤有光"的誓词，此处用的就是"我"的本义。"我"是兵器，自然含有杀伐之意，"我伐"即杀伐。杀伐要进行了，对于殷商的开国君主成汤来说，这也是一种光荣。周武王的意思是说，殷纣王十分凶残，已经违背了开国君主所承受的天命，因此征伐纣王符合天命，连殷商的开国君主成汤也会感到光荣的。所以《说文解字》中说："我，一曰古杀字。"即由此而来。

"我"既为兵器，则是一种危险的称谓。假借为第一人称代词之后，《说文解字》："我，施身自谓也。"自己称自己为"我"，但此时的"施身自谓"已经被添

❸ ❹ ❺

加了许多自身之外的价值,比如著名的"修齐治平"的政治理想,修身的最终目的被归结于国和天下的"治平",仿佛这具温热真切的身体早已被提前预订,用来服务于更长远、更宏伟的目标。"我"就这样被劫持,从危险的兵器,到不能自理、派生的附加价值,"我"的主体性情态从来没有彰显过,集体主义、家国一体的宏大叙事遂在这块土地上大行其是,派生之物反而僭居了原生之身。

《诗经·采薇》中有"昔我往矣,杨柳依依;今我来思,雨雪霏霏"的名句,但是古人很少用"我"字来"施身自谓"。想一想"我"字的字形中那些狰狞的锯齿就可以理解啦!北宋学者沈括在《梦溪笔谈》卷十八"技艺"章中,记载了一个有趣的人物:"有方士姓许,对人未尝称名,无贵贱皆称'我',时人谓之'许我'。言谈颇有可采,然傲诞,视公卿蔑如也。"丞相数次召见,此人终于答允,却欲骑驴进门,门吏阻止,此人傲然曰:"我无所求于丞相,丞相召我来,若如此,但须我去耳。"骑驴而去,一时传为佳话。

古人用另一个字眼"吾"来自称。《说文解字》:"吾,我自称也。"庄子在《齐物论》中将"吾"和"我"连用,显示出了二者的区别:"今者吾丧我。"原来在上古时期,"吾"不能放在动词后作宾语。

还有两个第一人称代词:余,予。《说文解字》:"余,语之舒也。"表示语气的舒缓。其实这种解释是不确切的,"余"的本义是房屋,假借用作第一人称代词。朱熹曾经解释"吾"和"余"表达第一人称代词时的微妙区别:"余平而吾倨。"意思是说,用"余"自称的时候语气舒缓平和,用"吾"自称的时候语气倨傲。《说文解字》:"予,推予也,象相予之形。"意思是说,"予"是一个指事字,像两只手相予之形,因此本义为给予、授予,假借用作第一人称代词。

指向大旗的箭头

> 秦政酷烈，违忤天心，一人有罪，延及三族
> ——《后汉书》

❶ ❷

段玉裁说："今字用镞，古字用族。""族"是"镞"的古字，甲骨文字形 ❶，这是一个会意字，左边是一杆大旗，旗下有一支明确指向大旗的箭头。箭是冷兵器时代非常重要的武器，用指向大旗的箭头来会意，因此"族"的本义就是箭头。甲骨文字形 ❷，大旗下面有两支箭。金文字形 ❸，接近甲骨文。小篆字形 ❹，把金文字形规范化了。

《说文解字》："族，矢锋也。束之族族也。"矢锋就是箭头，古时五十支箭为一束，因此引申为聚集之意，从聚集之意又引申出家族的意思。"族"的引申义大量使用之后，人们又造出一个"镞"字来表示"族"的本义，即箭头。不过也有学者认为古代同一家族或氏族即为一个战斗单位，因此用氏族旗和箭矢会意为家族或氏族之"族"，并非"镞"的本字。

《周礼》中规定："五家为比，使之相保；五比为间，使之相受；四间为族，使之相葬；五族为党，使之相救；五党为州，使之相赒（zhōu，接济）；五州为乡，使之相宾。"那么"间（lǘ）"就是二十五家，"族"就是一百家。这是基层乡村的行政制度，跟血缘无关。

❸

❹

"族"引申为家族之意后，有三族、九族之别。三族说法不一，共有三种说法：一是指父、子、孙；二是指父族、母族、妻族；三是指父母、兄弟、妻子。秦代起，始有犯重罪灭三族之刑。《史记·秦本纪》："（文公）二十年，法初有三族之罪。"《后汉书·杨终传》也指控说："秦政酷烈，违忤天心，一人有罪，延及三族。"

三族已经是株连的酷刑，到了诛九族就更加恐怖了。九族的说法也不一，一说是指以自己为本位，上推至四世之高祖，下推至四世之玄孙为九族。另一说是指父族四、母族三、妻族二为九族。所谓"父族四"，指的是当事人自己一族，外加出嫁的姑母及其儿子、出嫁的姐妹及外甥、出嫁的女儿及外孙。所谓"母族三"，指的是当事人外祖父的全家、外祖母的娘家、姨母及其儿子。所谓"妻族二"，指的是岳父全家和岳母的娘家。诛九族就是将这九族全部诛灭，如此一来就意味着，但凡跟犯重罪的人有一丁点儿血缘关系的家族成员统统被杀。

诛九族还不过瘾，到了明代，由于朝廷重臣方孝孺拒绝为篡位的燕王朱棣代拟称帝的诏书，方孝孺刚直不屈，只手书了"燕贼篡位"四个大字，被明成祖诛十族，即在方孝孺自家的九族之外，又加上了他的门生和朋友，凑成十族之数。这一事件共诛杀了八百七十三人，发配充军者高达千余人。同样是这个明成祖，篡位登基后，大臣景清身怀利刃意图刺杀朱棣，为故主报仇，被诛九族，并在九族之外将景清家乡的乡亲全部诛杀，整个村子都变成了废墟，时称"瓜蔓抄"，即辗转株连，就如同瓜蔓的蔓延一般，可见明成祖斩草除根的报复心之强烈，已经到了变态的有违人伦的地步，酿成有明一代的最大惨剧。

戉

一把长柄圆刃的战斧

夏执玄戉，殷执白戚
——《司马法》

❶

❷

首先需要说明的是，"戉"是"钺"的本字，而"钺"则是"戉"的增体俗字。《康熙字典》的编者按语辨析道："俗加金作钺，则专取乎饰，其去古益远矣。此古今字书之变。"也就是说，之所以添加一个金字旁，是强调黄金装饰之意，同时也反映出后日的"钺"只具备仪仗的功能，非复造字时的实用兵器了。

戉，甲骨文字形❶，就是一把长柄战斧的形状，左边为圆刃。民国学者吴秋辉在《侘傺（chà chì）轩文存》一书中解释说："乃长柄圆刃之斧，古人常用之以伐木者。伐木需用大力，常须双手举之而轮下，故其刃宜圆。若以方刃者当之，则着力处当仅刃两端之二直角，锋棱脆薄，将摧折随之矣。"

戉，金文字形❷，与甲骨文大同小异，只不过圆刃不再仅仅附着于柄上，而是凹进柄的里面。下面的爪形当为方便竖立于地，这说明此时的"戉"已经具备了仪仗的功能。金文字形❸，左边是平头方刃，右边从戈，表示与戈属于同一类型的兵器。之所以不再突出圆刃，吴秋辉的解释是："人渐知圆之为刃，自越过其直径后，其余悉不能着物，因渐凹入之。"意

❸　　　　　　　　　❹

思是说，圆刃只有刃弧的中部才能入物，杀伤力度太小，因此圆刃或凹进柄的里面，或一变而为平头方刃，这就接近"戉"的形制了，因此以"戈"来会意。

戉，小篆字形❹，紧承金文字形而来，又加以规整化。《说文解字》："戉，斧也。"周初姜太公所著《六韬·军用》篇中说："大柯斧，刃长八寸，重八斤，柄长五尺以上……一名天钺。""柯"指斧柄，据此则"戉"乃是比常用斧略大的大斧。

许慎接着又引用了同样是姜太公所著的《司马法》中的一段今已不存的佚文："夏执玄戉，殷执白戚，周左杖黄戉，右秉白髦。"这是讲的夏商周三代举行征伐、祭祀、出巡或重大典礼时天子亲执的兵器。夏尚黑，因此执"玄戉"，即黑色的戉；殷商尚白，因此执"白戚"，"戚"是比"戉"小的斧；周天子则左手执着黄金装饰的戉，右手秉着饰以牦牛尾的旗子。

打仗时执兵器为右手，周天子却"左杖黄戉"，可见至迟到周代时，"戉"已经成为天子宣示王权的权杖。即使真的使用，也只是一种象征的仪式，比如《史记·周本纪》中周武王灭商的这段描写："以黄钺斩纣头，县（悬）大白之旗……周公旦把大钺，毕公把小钺，以夹武王，散宜生、太颠、闳夭皆执剑以卫武王。"

周武王贵为天子，方才可以执黄钺；周公旦以王弟兼辅相的身份执大钺，周武王的异母弟毕公执小钺，"夹"是指紧紧靠在身体两侧，只有他俩方才有资格在两侧护卫；其余大臣则只能执剑在四周护卫。古代等级制之分明，于此可见一斑。

《赵孟頫款羽猎图》（局部）
明代佚名绘，绢本设色长卷，美国弗利尔美术馆藏

　　赵孟頫（1254—1322），字子昂，号松雪道人，别号鸥波、水精宫道人等。吴兴（今浙江湖州）人，宋室后代。元代书画家，元初四大家之一，开启以"写意"为主的文人画风，集前代大成。

　　此卷为明人伪托赵孟頫之名，青绿设色，描绘天子狩猎场面，从画面和题材看属于仿摹仇英《上林图》系列作品之一，只是少了"子虚""乌有"和"亡是"高谈阔论、高台宴乐、回宫等段落，集中描绘皇家园囿之堂皇富丽，与天子射猎场面之壮阔伟盛。

　　这一段是画面开头，园囿中一片开阔地带，排开天子狩猎之仪仗。宝顶、金瓜、黄钺、大刀、钟鼓陈列两旁，有兵士击鼓助威，众士卒打马扬鞭，展开追逐围猎。

取

❶ ❷

一只手扯着左耳朵割下来

临轩须貌取，风雨易离披
　　　　　　——郑谷

取得的"取"字为什么左边是个耳朵旁呢？原来跟古代战争后的计功制度有关。

取，甲骨文字形 ❶，这是一个会意字，左边是一只耳朵，右边是一只手。甲骨文字形 ❷，耳朵和手的位置互换。金文字形 ❸，右边手的样子还是栩栩如生，不过左边耳朵的样子不太像了。也许造出这个字的古人看到了一只非常特殊的耳朵，因此印象深刻，才写成了这个样子？金文字形 ❹，手紧紧地抓住了耳朵。小篆字形 ❺，左边是"耳"字的雏形。

《说文解字》："取，捕取也。"许慎将它释义为"捕取"，真是跟"取"字的字形太相像了！《周礼》中规定："大兽公之，小禽私之，获者取左耳。"虽然是狩猎时割取禽兽的左耳，但却是模仿战争时的行为，即杀死敌人后，割取敌人的左耳，带回营地，作为计功的凭据。也可以割下敌人的头，称作"首级"。为什么要割取左耳而不是右耳呢？这是因为中原民族以右为尊，战败的战俘或敌人自然被视为低贱，因此割取左耳。

战国时期的兵书《司马法》中说："载献聝。"这是进一步解释"获者取左耳"。"聝"（guó）就是割

❸ ❹ ❺

下的左耳,如果割下的是头,就叫"聝",读音相同,无非是耳朵旁和首字旁的区别而已。"聝"和"聝"是"取"了之后不同的命名,可见古人对事物的分类是多么细致!

由"取"的本义引申为各种意义上的取得、获取。有趣的是,"取"还是"娶"的古字,古时掠夺婚盛行,娶妻需要强力掠取,可见原始婚姻的血腥程度。因为娶妻称"娶",所以后来给"取"添加了一个"女"字,专用作娶妻之意。

唐代诗人郑谷吟咏《杏花》诗:"临轩须貌取,风雨易离披。""貌取"指描画拿取杏花的形貌。这叫以貌取花,而"以貌取人"却是日常生活中的常态,不过,如果仅仅"以貌",而忽视了对方的才能或者内在的修养,那可就大大的不该了,故此,"取人"的时候万万不可"以貌"。

不过,即使是至圣先师孔子,也犯过"以貌取人"的错儿。他有一位学生,复姓澹台,名灭明,字子羽,比孔子小三十九岁,是鲁国武城人,长得非常丑陋,额低口窄,鼻梁凹陷。最初拜孔子为师的时候,孔子看到他这副长相不像是能成大器的模样,心里很不乐意收他为弟子,就以才能微薄的名义拒绝了他。澹台灭明受到这番冷遇,更是发奋求学,严谨修行。

后来,澹台灭明在豫章(今南昌)聚徒讲学,从学弟子多达三百人,却仍尊孔子为宗师,传授孔子的学说,培养了一大批品学兼优的学生,成为南方一个有影响的儒学学派,澹台灭明本人也因而贤名远扬于各诸侯国。

孔子听到澹台灭明的名声后,叹息道:"吾以言取人,失之宰予;以貌取人,失之子羽。"宰予也是孔子的学生,是弟子中唯一敢于正面对老师学说提出异议的人。比如他曾公开批评孔子倡导的"三年之丧",认为为父母守丧三年时间太长,天下早就礼崩乐坏了,搞得孔子很不高兴,有一次宰予大白天躺到床上去睡觉,孔子就骂他朽木不可雕也。因此孔子叹息以言取人,则不能重视宰予的优点;以貌取人,又看不到子羽的才能了。

盟

器皿中盛着血或牛耳来结盟

山盟虽在，锦书难托
——陆游

陆游《钗头凤》词："山盟虽在，锦书难托。"山盟，指山为盟。盟为结盟，是世界各民族通行的礼仪，但我国古代的结盟有许多独特的仪式，"盟"这个字被造出来就跟这些仪式密切相关。盟，甲骨文字形 ❶，这是一个会意字，下面是一个器皿，上面代表什么则说法不一，有学者说里面放的是三只牛耳朵，有学者说里面盛的是血。甲骨文字形 ❷，字形大同小异。持牛耳说的学者认为，古代结盟要使用牛作为祭品，割下牛的耳朵，用一种叫敦的食器盛着牛血，用珠盘盛着牛耳，主持盟誓的人执盘，这就叫"执牛耳"，从主持盟誓的人引申为人在某方面居于领导地位。"盟"字因此会意为在神前发誓结盟的意思。

《说文解字》："盟，《周礼》曰：'国有疑则盟。'诸侯再相与会，十二岁一盟。北面诏天之司慎司命。盟，杀牲歃血，朱盘玉敦，以立牛耳。"司慎和司命是两颗星星的名字，古人认为诸侯结盟时，司慎负责伺察不敬者，司命负责伺察结盟者，加以神化而为神名。

孔颖达解释说："盟之为法，先凿地为方坎，杀牲于坎上，割牲左耳，盛以珠盘，又取血，盛以玉敦，

❸ ❹ ❺

用血为盟,书成,乃歃血而读书。"如许慎和孔颖达所说,结盟过程中还有一道程序,叫歃血,认为"盟"字的甲骨文字形中,"器皿中盛的是血"的看法即由此而来。歃(shà)的本义是微吸、微饮,歃血即微饮血。还有一种说法是,歃血指用手指头蘸血,涂抹在嘴旁边。不管是微饮还是蘸血,都是双方之间诚意的表示。需要强调的是,歃血这道程序中用的血不是人血,而是被当作祭品的动物的血。盟誓时使用的动物,根据结盟者身份的贵贱程度也有不同:天子用牛和马,诸侯用狗和公猪,大夫以下用鸡。不过也有例外,《史记·平原君虞卿列传》中描写了一场经典的盟誓场景。毛遂自荐,跟随平原君出使楚国,毛遂胁迫楚王答应赵国的条件之后,对楚王的左右说道:"取鸡狗马之血来。"毛遂大功告成,大概高兴得昏了头,竟然要把三种等级动物的血全都端上来,可发一笑!

盟,金文字形❸,右上角增加了一个"月"字,使"盟"从会意字变成了形声字,上面的"明"表声。金文字形❹,大同小异。小篆字形❺,字形更加规范化了。

《周礼》:"凡邦国有疑,会同。"会同就是会面,国与国之间有什么猜疑或疑问,于是会面而结盟,其中执牛耳者就称为盟主,结盟的国家互称盟国。后来也用于个人和个人之间,比如结拜兄弟称作盟兄弟。

即使在我国古代，不同民族结盟的仪式也不一样。《淮南子·齐俗训》中写道："胡人弹骨，越人契臂，中国歃血也。所由各异，其于信，一也。"北方的胡人最野蛮，在人的头骨中倒满酒，互饮以示信守，称"弹骨"；南方的越人则是用刀刺臂，流出血来，以示信守，称"契臂"；相比之下，中原民族更加文明一点，只是使用动物血"歃血"而已。

《便桥会盟图》(局部)

元代陈及之绘,纸本白描长卷,北京故宫博物院藏

陈及之,号竹坡,富沙(今地名不详)人。应为民间文人画家,以白描人物见长,约活动于元仁宗(1285—1320)朝。《便桥会盟图》卷画突厥首领颉利在便桥桥头向秦王李世民求和的"便桥会盟"故事,是元代绘人马最多、物景最宏大的历史画。全卷以白描线条绘成,飞动自如。画中人马,虽仅寸方之微而情态毕肖。

史载,唐武德九年(626)八月,东突厥颉利可汗乘隙南下,大军直达渭水。危急时刻,唐太宗仅率房玄龄等六骑驰抵便桥,与颉利隔水而语,责以负约,突

厥大惊，皆下马罗拜，双方盟于便桥之上。突厥退兵，长安解围，四年后唐太宗荡平突厥，生擒颉利。这就是"便桥会盟"的故事。

陈及之的长卷约三分之二篇幅生动摹写胡人行军、骑射、马术、马球等骁勇玩乐场面，笔意诙谐；仅以三分之一篇幅描绘会盟场景，双方隔桥遥对，敌意甚少，画面舒缓，倒像是郊游一般。

武

人持戈前进

一张一弛，文武之道也 ——《论语》

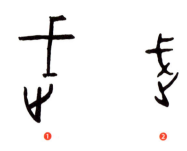

孔子的学生子贡跟老师一起去观看岁终的祭礼，孔子问他："你觉得快乐吗？"子贡回答道："一国之人都像发狂了似的，我不知道快乐在哪里。"孔子告诉他："张而不弛，文武弗能也；弛而不张，文武弗为也。一张一弛，文武之道也。"这段话的意思是：弓弦一直拉得很紧而不松弛一下，这是周文王和周武王都无法办到的；弓弦一直松弛而不拉紧，这是周文王和周武王都不愿去做的。有时拉紧，有时放松，这才是周文王和周武王的治国之道。孔子的意思是说，老百姓忙碌了一年，也该放松一下了，别担心他们只顾玩乐而忽视了劳作。

"武"是周武王死后的谥号，"刚强理直曰武，威强睿德曰武，克定祸乱曰武，刑民克服曰武，夸志多穷曰武"。武，甲骨文字形❶，这是一个会意字，上面是一把戈，下面是一只脚，人持戈前进，表示要动武了。甲骨文字形❷，上面的"戈"形和下面的脚更富有动感。金文字形❸，接近甲骨文。小篆字形❹，下面的脚规范化为"止"。

《说文解字》："武，楚庄王曰：'夫武，定功戢兵，故止戈为武。'"戢（jí）是收藏兵器。楚庄王的这句话出自《左传·宣公十二年》，紧接着这句话，楚庄王

❸

❹

又说:"夫武,禁暴、戢兵、保大、定功、安民、和众、丰财者也。"看来楚庄王是个以武力求取和平的人,但他的解释"止戈为武"却与"武"字的本义不符,"止"的甲骨文字形就是一只脚,因此"武"的本义恰恰是动武打仗。楚庄王紧接着又说:"武有七德,我无一焉,何以示子孙?"楚庄王所说的"武"的七德就是上文所言"禁暴、戢兵、保大、定功、安民、和众、丰财"。韩非子说"德不厚而行武",跟楚庄王所说的"武有七德"一致,古人对动刀兵总是有所忌讳的。

"武"的本义为持戈前进,因此"武"又引申为度量单位,古时候以六尺为步,半步为武。《国语》:"目之察度也,不过步武尺寸之间。"意思是眼睛看到的不过只有三尺、六尺的尺寸之地而已,因此"步武"用来比喻很短的距离。"武"又由此引申为足迹之意,《诗经·下武》中有"绳其祖武"的诗句,意思是遵循祖先的足迹。

在唐代之前,科举制度都是选拔文官,到了武则天时期,开始增加了武举,由兵部主考,考试科目"有长垛、马射、步射、平射、筒射,又有马枪、翘关、负重、身材之选"。最著名的武状元便是大将郭子仪。与供奉孔子的文庙相对应,从唐代开始,始有武庙,唐代到元代,武庙供奉的都是辅佐周文王的姜太公,姜太公被封为武成王,故称武庙。后来也供奉包括张良、韩信、诸葛亮在内的历代良将。明清时同时供奉关羽,关帝庙即武庙;民国时期合祀关羽和岳飞,因此关帝庙和岳飞庙都称武庙。

首

头上有三根头发

> 鸟飞反故乡兮，狐死必首丘
> ——屈原

❶　　　❷

"首"这个字最奇特的义项是告发，比如出首、自首。"首"明明是头颅，怎么会具备这个义项呢？

首，甲骨文字形❶，这是一个象形字，像人的头部，中间的圆点是眼睛，头上有三根头发。金文字形❷，下面变成了一只眼睛"目"，上面的三根头发历历可数。金文字形❸，更加美观。金文字形❹，头部的样子更像，突出的仍然是眼睛和头发。小篆字形❺，下面正式演变为"目"。楷体字形头上的三根头发发生了变异，看不出"目"上面头发的样子了。

《说文解字》："首，头也。""首"的本义就是头。商鞅辅佐秦孝公变法时，为了奖励军功，设置了二十等爵制，即根据军功的大小授予爵位，官吏从有军功爵位的人中选用。据《汉书》载："商君为法于秦，战斩一首赐爵一级，欲为官者五十石。"意思是战争中斩一个敌人的头颅授予一级爵位，做官的话可做五十石之官；斩两个敌人的头颅授予二级爵位，做官的话可做百石之官……以此类推。一首一级，后来干脆简称作"首级"。首级制度直到北宋才彻底废除。

古时候的国君和现代的国家最高领导人都称"元

❸ ❹ ❺

首", "元"也是头的意思。这一称谓在我国周代就已经出现。头指国君,那么头以下的胳膊大腿就顺理成章地用来指辅佐国君的大臣,这就是"股肱(gōng)"一词。葛洪在《抱朴子》中说:"远取诸物,则天尊地卑,以著人伦之体;近取诸身,则元首股肱,以表君臣之序。"

据古人说,狐狸虽然是微小的兽类,但对自己藏身的丘窟却念念不忘,死的时候,一定要把头朝向丘窟,表示不忘本。后人遂以"狐死首丘"比喻不忘本或对乡土的思念,怀念故乡或者归葬故乡都称"首丘"。因此屈原吟咏道:"鸟飞反故乡兮,狐死必首丘。"

当作男宠的"面首"这一俗语,本指脸和头,引申为容颜、面貌。不过"面首"最早可是指健美的男子,宋孝武帝有一次出去打猎,"选白衣左右百八十人,皆面首富室",没有任何贬义。刘宋王朝时,皇帝刘子业为姐姐山阴公主"置面首左右三十人"。请注意,这里的全称是"面首左右"。吕叔湘先生指出:"面首左右"类似于一种职称,"以'某某左右'为侍从的职名,创于江南,延及北朝"。皇帝赏赐给姐姐的男宠当然要由朝廷供养,也要有一定的官衔或者职称,故称"面首左右",后来才省作"面首"。胡三省解释道:"面,取其貌美;首,取其发美。"从山阴公主之后,"面首左右"这个高级职称简化成了"面首",成为所有男宠的代称。

"首"的本义是头,"自首"就是自己主动把头伸出去认罪,多么生动形象!当然这是远引申义,其间经过了漫长的语义演变。

《歌撰恋之部·深忍恋》(深く忍恋)
喜多川歌麿绘·约1793—1794年

  作为"大首绘"的创始人,喜多川歌麿(1753—1806)代表着浮世绘美人画的巅峰。"大首绘"指的是有脸部特写的半身胸像。在歌麿之前,流行的是八头身、九头身比例的"清长美人",她们颀长婀娜,青春洋溢,活跃于宴乐、春游、枫狩、樱赏之间;而歌麿独树一帜地赋予了纸上美人以生命,种种微妙而丰富的情态个性之美以半身像乃至大头像呈现出来,很快风靡江户。

  "大首绘"的成型之作就是《歌撰恋之部》。在这系列作品中,他略去华服美饰和背景烘托,专注于表现优雅柔美的肌肤细节与细微的面部神情变化,令画中女子活色生香。

  这幅《深忍恋》描绘了一个内心隐藏着不为人知的恋情的女子。染黑的牙齿可能暗示她的新婚身份。她侧头,微微垂首,一手持细长烟管,似乎正要从内心深处发出一声叹息。和服深黑的衣领、乌黑丰盛的发髻与细腻柔和的脸容、白皙颀长的颈部形成鲜明对比。

146

戏

装扮着虎皮，持戈击鼓

云烟古寺闻僧梵，灯火长桥见戏场
——陆游

❶　　　　　❷

　　席慕蓉有首著名的诗《戏子》："请不要相信我的美丽／也不要相信我的爱情／在涂满了油彩的面容之下／我有的是颗戏子的心／所以／请千万不要／不要把我的悲哀当真／也别随着我的表演心碎／亲爱的朋友／今生今世／我只是个戏子／永远在别人的故事里流着自己的泪。"老话说"戏子无义"，我们来看看这个字的演变。

　　戏，金文字形❶，由三部分组成：右边为"戈"，左上为"虍"，左下为"豆"。"戈"是古代的一种兵器，横刃，用青铜或铁制成，装有长柄；"虍"是虎皮上的斑纹；"豆"是高脚的食器。金文字形❷，虎纹和"戈"的结合更紧密。小篆字形❸，虎纹将"豆"包在了里面。楷书繁体字形❹。简化后的简体字，左侧简化为"又"，"又"是右手的形状，以手持戈。

　　许慎认为这是一个左声右形的形声字，《说文解字》："戏，三军之偏也。一曰兵也。""偏"是古代车战的战阵，兵车二十五乘为"偏"。许慎的意思是，"戏"是军队的偏师，不是主力军。也有人认为"戏"是三军的仪仗队，"带有神兽装扮的、手持兵器的、耀武扬威的仪式性表演用于操练军队，炫耀武力"。不过

如此一来,"戏"就应该是一个会意字,用军队中装饰在高脚食器上的虎皮纹饰和戈,会意为"三军之偏",再引申出帅旗的意思,《史记·高祖本纪》:"兵罢戏下,诸侯各就国。"意思是在帅旗下举行罢兵的仪式,诸侯各自前往自己的封国。《汉书·项籍传》:"于是羽遂上马,戏下骑从者八百余人。"意思是说项羽上马,他的帅旗下跟从的有八百多人。因此大将之旗称作"戏",在这个意义上,"戏"和"麾"可以作通假字。

许慎还说:"戏,一说兵也。""戏"是一种兵器,所以字形中才有一个"戈"字。段玉裁解释说,正因为"戏"作兵器解,才引申出"戏谑"一词,兵器可以玩弄,可以相斗,因此相互狎弄称之为"戏谑"。简化后的"戏"字——以手持戈,也没有失去本义。还有人说"戏"字形中的"豆"是"鼓"的省写,整个字形会意为:手持戈,头戴虎形面具,在鼓声中比武角力。

诸说之中,以白川静先生的解说最富趣味。他认为这是一个会意字,"表示'豆'(高脚之器)形座椅上坐着的身着虎皮之人,受到来自后方'戈'的袭击。身着虎皮之人,当是在模仿军神。袭击身着虎皮之人,当为祈祷战争胜利的舞乐(军戏)的场面"。这种军戏的场面,《韩非子》中有生动的记载:"楚厉王有警,为鼓以与百姓为戍。饮酒醉,过而击之也,民大惊,使人止之。曰:'吾醉而与左右戏,过击之也。'"楚厉王与百姓约定有紧急军情时以鼓声示警,一次醉后忘形,击鼓,百姓大惊。楚厉王声称"与左右戏",就是指与左右臣子模仿战争的场面而击鼓。根据《左传》的记载,古时开战前,挑战的一方要说:"请与君之士戏。"请让我与您的战士们较量一番。这个义项也属于"戏"的引申义。

综上所述,不管是三军的仪仗队,还是三军的侧翼,"戏"都跟军事有关,"因为祈祷战争胜利的模拟表演与游戏类的模拟表演很相似",因此而引申为游戏、玩耍等义项,比如角力就称之为"戏",与战争中的争斗非常相像。歌舞杂技等表演称作戏剧,也是由此而来。陆游在《出游》一诗中写道:"云烟古寺闻僧梵,灯火长桥见戏场。""戏场"就是这种歌舞场。

旅

大旗下面有两个士兵

> 壮岁京华羁旅，暮年湖海清狂
> ——陆游

❶

❷

今天的"旅"字除了当作旅行讲之外，还用于军队的编制，军、师、旅、团等，但为什么会用于军队的编制，很多人都不知其详。

旅，甲骨文字形 ❶，这是一个会意字，下面是两个人，上面是一杆迎风飘扬的大旗。甲骨文字形 ❷。金文字形 ❸，旗杆更粗壮。金文字形 ❹，下面是三个人，围绕着一辆战车，战车上插着一杆大旗。小篆字形 ❺，更接近甲骨文的字形。楷体字形变异极大，完全看不出人和旗组合的样子了。

《说文解字》："旅，军之五百人为旅。""旅"的字形会意为军旗下的士兵，因此"旅"字的本义就是军队的编制，五百人为一旅。《周礼》中对军队的编制有详细的规定："五人为伍，五伍为两，四两为卒，五卒为旅，五旅为师，五师为军。"之所以有如此详细的编制，是"先王所因农事而定军令者也，欲其恩足相恤，义足相救，服容相别，音声相识"。由此引申为众多的意思，又由"军队"出行引申出旅行的意思，这正是今天使用最多的义项。

陆游有诗："壮岁京华羁旅，暮年湖海清狂。""羁

❸ ❹ ❺

旅"指客居异乡，这是从"旅行"的引申义而来。"旅"又由此引申为旅馆的意思，比如"逆旅"一词，李白有这样的名句："夫天地者，万物之逆旅也；光阴者，百代之过客也。而浮生若梦，为欢几何？"古人认为人生如寄，是寄居在这个世界上的，而视死如归，死亡是人之所依归，因此而有"天地者，万物之逆旅也；光阴者，百代之过客也"的感喟。"逆"的意思是迎，"逆旅"即迎接客人到旅馆，遂用作客舍的代称。清人陈梦雷的诗句"人生寄一世，奄忽如逆旅"，最好地反映了古人的这种观念。

鲜为人知的是，"旅"还是古时候一种祭祀的名称。《周礼》中说："王大旅上帝，则张毡案，设皇邸。""皇邸"是祭祀时放在座位后面的屏风，上面覆有凤凰羽毛以作装饰。郑玄解释道："大旅上帝，祭天于圜丘。"国君祭天，要踏上出行的旅途，因此这种祭祀就称作"旅"或"大旅"。

"旅"还有一个最有趣的义项：作物不因播种而生，即野生也叫"旅"。汉乐府民歌《十五从军征》中有这样的诗句："中庭生旅谷，井上生旅葵。春谷持作饭，采葵持作羹。""旅谷"指野生的谷物，"旅葵"指野生的葵菜。《后汉书》形容王莽末年的乱世，"野谷旅生"，"旅生"即野生。"旅"为什么会具备这个义项呢？同样还是从本义而来：军队出征，要经过迢迢旅途，旅途都在野外，"旅谷""旅葵"因此引申出野生的意思。不是由农人播下种子而生，而是经由飞鸟等途径携带，落地而生，倒是也经过了长途旅行呢！

《(传)王振鹏养正图十则之一·桐叶封弟》
明清佚名绘,绢本设色长卷,美国大都会艺术博物馆藏

  王振鹏(生卒年不详),字朋梅,永嘉(今浙江温州)人。元代著名画家,擅长人物画和宫廷界画,被元仁宗赐号为"孤云处士",官至漕运千户。《养正图》又称《圣功图》,是带有启蒙教育性质的作品,内容皆为历代贤臣明主的故事。这套《养正图》虽是王振鹏款,却是明清人所绘。

  "桐叶封弟"一则画的是周成王的故事:叔虞为周成王的胞弟,一天成王与叔虞玩笑,把一枚桐叶剪成玉圭形状,对叔虞说:"吾以此封若。"史佚(一说周公旦)在旁就请命官择日行册封礼。王曰:"我与之戏尔。"史佚曰:"天子无戏言。"于是周成王便把唐作为封地封赐给叔虞,后人称为唐叔虞。这个告诫当权者应谨言慎行、言出必践的典故又称为"剪桐""桐叶戏"等。

侵

手持笤帚打牛，使其前进

> 凡师有钟鼓曰伐，无曰侵，轻曰袭
> ——《左传》

❶

❷

"侵"为什么会具备侵犯、侵略的义项？从"侵"的字形中可以看到右边的上部是一把扫帚，扫帚出现在这里有什么用处呢？这是一个饶有趣味的问题。

侵，甲骨文字形❶，很显然这是一个会意字，右边是一只手，手持着中间的一把扫帚，左边是代表牛的牛头，牛头上还有三个小点儿。这个字形有人说是手持扫帚扫去牛身上的灰尘，三个小点儿表示从牛身上扫下来的尘土。甲骨文字形❷，手和灰尘都简化掉了。金文字形❸，左边还是一只手持帚，牛则变成了右上角的人。

这个字形演变至此，手持扫帚为牛扫灰尘的看法就说不通了。为牛扫灰尘可以，哪里有手持扫帚为人扫灰尘的呢？因此，"侵"字的甲骨文字形应该是手持扫帚殴牛，加以驱赶之意，殴牛时牛身上的灰尘都掉下来了，可见用力之巨。金文字形将牛改为人，林义光认为"像扫者持帚渐进侵迫人也"。小篆字形❹，人移到了左边，各种字符都没有什么变化。

《说文解字》："侵，渐进也。从人又持帚，若扫之进。"不管是殴牛还是殴人，都有一个一步一步

❸

❹

渐进的过程，因此"侵"的本义即为渐进，引申为侵迫。据《左传·庄公二十九年》载："凡师有钟鼓曰伐，无曰侵，轻曰袭。"大张钟鼓的征讨叫"伐"，这是要声讨对方之罪；不用钟鼓的征讨叫"侵"，程度较"伐"为轻，想想"侵"的字形中那把扫帚吧，再用力殴击也不可能致命，因此孔颖达说这叫"侵凌"，仅仅是侵犯欺凌；趁人不备偷偷地进攻叫"袭"。

《公羊传·庄公十年》则说："觕者曰侵，精者曰伐。"何休解释说："觕，粗也。将兵至境，以过侵责之，服则引兵而去，用意尚粗。精，犹精密也。侵责之不服，推兵入境，伐击之益深，用意稍精密。"《谷梁传·隐公五年》则解释得更加清楚："苞人民、殴牛马曰侵，斩树木、坏宫室曰伐。"郑玄解释说："苞人民，殴牛马，兵去则可以归还，其为害轻；坏宫室，斩树木，则树木断不复生，宫室坏不自成，为毒害更重也。""殴牛马"正是甲骨文字形持帚殴牛的形象写照。

古时将大饥荒称作"大侵"。据《谷梁传·襄公二十四年》载："一谷不升谓之嗛，二谷不升谓之饥，三谷不升谓之馑，四谷不升谓之康，五谷不升谓之大侵。""嗛"通"歉"，一种谷物歉收叫"嗛"；两种谷物歉收叫"饥"，三种谷物歉收叫"馑"；四种谷物歉收叫"康"；五谷都歉收就叫"大侵"。"侵"是侵吞之意，形容五谷都被大饥荒给侵吞了，故称"大侵"。

"大侵之礼，君食不兼味，台榭不涂，弛侯，廷道不除，百官布而不制，鬼神祷而不祀，此大侵之礼也。"发生大饥荒的时候，国君有一套相应的自惩措施：食不兼味，吃饭不能吃两种菜肴，以示节俭；台榭不涂，台榭不能涂饰；弛侯，"侯"是射礼，射礼伴之以饮宴，这时都要废除；廷道不除，宫廷内的道路不能打扫；百官布而不制，百官之位不能增加；鬼神祷而不祀，只能祈祷鬼神而不能举行祭祀的仪式。

御

人拿着马鞭子赶车

> 御轻舟而上溯，浮长川而忘反
> ——曹植

❶

❷

　　古代帝王的所作所为以及帝王使用的器物都称"御"，比如御驾亲征、御用。这样的用法是如何演变而来的呢？

　　御，甲骨文字形 ❶，这是一个会意字，右边是一个半跪着的人形，左边是拧在一起的绳索，代表马鞭子，整个字形会意为人拿着马鞭子赶车。也有学者认为像人跪着迎接客人。谷衍奎《汉字源流字典》的解释则最为奇特，其中说："像一个人跪于悬铜（四棱鞭状兵器）前，是古代一种悬铜之祭，用以驱鬼避邪消灾除病。"甲骨文字形 ❷，左边添加了一个表示街道的"彳"，会意为在街道上赶车。金文字形 ❸，又在下面添加了一只脚，表示动作，字形变得复杂起来，而且字符之间有重复。小篆字形 ❹，直接从金文变化而来。

　　《说文解字》："御，使马也。"使马即驾驶车马，这是"御"字的本义。"御"排名古代教育学生的六艺（礼、乐、射、御、书、数）之一，可见"御"是古人必须掌握的基本技能。由本义引申为驾驭一切运行或飞行之物，如曹植诗"御轻舟而上溯"。因为本义为驾御，因此又引申出统治、治理的意思，最高

统治者是皇帝,于是把帝王的所作所为以及帝王使用的器物都称"御",同理,皇宫禁地也称"御"。

所谓"后宫佳丽三千人",并不是准确的说法,根据《礼记》的记载:"古者天子后立六宫,三夫人、九嫔、二十七世妇、八十一御妻,以听天下之内治,以明章妇顺,故天下内和而家理。"六宫制度是对应六官制度:"天子立六官,三公、九卿、二十七大夫、八十一元士,以听天下之外治,以明章天下之男教,故外和而国治。"六官属外,六宫属内,所谓外治、内治,"内和而家理","外和而国治"。六宫中计有皇后、三夫人、九嫔、二十七世妇、八十一御妻,皇后当然是后宫中最至高无上的人;三夫人是分管六宫之官;九嫔"掌妇学之法,以教九御妇德、妇言、妇容、妇功,各帅其属而以时御叙于王所";二十七世妇掌管祭祀、宾客等事宜;八十一御妻就是世妇管理的对象,九九八十一,故又称"九御",《周礼》中称"女御","掌御叙于王之燕寝"。

这些女官有一个共同的职能,"御叙"。从"御"的本义——驾驶车马——引申出前进的意思,因为驾驶车马本来就是为了前进。蔡邕解释道:"御者,进也。凡衣服加于身,饮食适于口,妃妾接于寝,皆曰御。"妃妾将自己进献给皇帝就叫"御";"御叙"则是按照时日和尊卑的次序跟皇帝睡觉,尊者在前,卑者在后。九人为一组:八十一御妻跟皇帝睡九夜,二十七世妇跟皇帝睡三夜,九嫔跟皇帝睡一夜。而三夫人跟皇帝睡一夜,皇后自个儿跟皇帝睡一夜。男权社会的尊卑观念由此可见一斑。

"御"还可以当作抵御讲,《诗经·谷风》:"我有旨蓄,亦以御冬。"旨蓄指贮藏的美味食品。不过这个义项的"御"后来写作"禦",以示区别。

《洛神赋图》（局部）

东晋顾恺之绘（宋人摹本），绢本设色长卷，辽宁省博物馆藏

洛神是传说中伏羲之女，溺于洛水为神，又称宓妃。《洛神赋图》原是东晋画家顾恺之根据曹植《洛神赋》创作的故事画。曹植原文借人神恋爱抒发爱情失意的感伤，传说是为甄后而作。

顾恺之，字长康，小字虎头。多才多艺，工诗赋，善书法，时人称为"才绝、画绝、痴绝"。他的画风格独特，人物清瘦俊秀，谓之"秀骨清像"；线条绵密流畅，谓之"春蚕吐丝"。顾恺之原本已佚，仅存数套摹本传世。辽博本《洛神赋图》大约是南宋高宗时期摹本，忠实保留了六朝时期原本的构图和样貌。

《洛神赋图》以连环画形式逐步展开故事情节，设色艳丽明快，用笔细劲古朴，人物安排疏密得宜，在不同时空中自然地交替、重叠。这一段"泛舟"描绘洛神离去后，曹植恍然若失，乘舟逆流而上，以期再次看到她的倩影。"冀灵体之复形，御轻舟而上溯。浮长川而忘反，思绵绵而增慕。"曹植坐在精致楼船的上层，神情惘然。船篷上垂幔飘动，浪花拍打船身，画面流动着一种悲伤情绪。

介

人身上披着铠甲

介者不拜，为其拜而蓌拜 ——《礼记》

"介"这个字今天不单用，常用于介绍、介入。"介绍"一词，意为居间沟通，使不了解的双方相互熟悉起来。鲜为人知的是，这个词来自一项非常古老的礼仪。

介，甲骨文字形 ❶，这是一个象形字，中间是一个人，人身边的两短画代表护身的铠甲。甲骨文字形 ❷，铠甲之形是四片。甲骨文字形 ❸，这个人的全身仿佛都被铠甲给保护起来了。秦代石刻《诅楚文》中的籀（zhòu）文字形 ❹，铠甲之形为前后两片。小篆字形 ❺，几乎没有任何变化。

《说文解字》："介，画也。"许慎这是把"介"的本义当成界划之"界"了，其实"介"乃是人身披铠甲之形。古时的铠甲用皮革连缀而成，张舜徽先生说："介之为物，分片相联，如鳞虫之有鳞介。"因此用连缀的两短画或四短画来象铠甲之形。"甲胄"指铠甲和头盔，古时亦称"介胄"。甲骨卜辞中有"多介祖""多介父""多介兄""多介子"的记载，徐中舒先生解释"多介"即为"多块革相联之甲"。

《礼记·曲礼上》规定："介者不拜，为其拜而蓌拜。""介者"即指披甲之人，披甲之人不依常礼行拜礼。

"蒆（cuò）"是跪着但不至地，即蹲着。之所以"介者不拜"，孔颖达解释说："戎容暨暨，著甲而屈拜，则坐损其戎威之容也。一云蒆，诈也。言著铠而拜，形仪不足，似诈也，虚作矫蒆，则失容节，是蒆犹诈也。"披着铠甲行拜礼，有损军威；如果披着铠甲像惯常一样行拜礼，看起来就像故意欺诈。因此"介者不拜"。

《史记·绛侯周勃世家》就记载了一则"介者不拜"的故事。周亚夫屯军细柳，汉文帝前去劳军，却无法进入军门，周亚夫传令之后方才入内，进入军营又不能驱驰，贵为天子也只能按辔徐行。到了周亚夫的营帐，周亚夫手持兵器，只是作了一个揖，说道："介胄之士不拜，请以军礼见。"汉文帝为之动容，遂俯身在车前的横木上致敬。

披甲之人是为了投入战争，因此"介"引申为介入，再引申为居中传言。古时，接引宾客并赞礼的人称"傧"，今天的婚礼中还有"傧相"，过去指婚礼时赞礼之人，后来指陪伴新郎的男子和陪伴新娘的女子，当然也就是替新郎、新娘迎接客人之人；宾客的随从，负责替宾主传言的人称"介"。

据《礼记·聘义》载："聘礼，上公七介，侯伯五介，子男三介，所以明贵贱也。介绍而传命，君子于其所尊弗敢质，敬之至也。"此为诸侯国之间交相聘问之礼。上公派出的卿有七个传言的随从，侯、伯之卿为五个，子、男之卿为三个。"介绍而传命"，绍，继也，紧密接续。"介绍"即指传递宾主之言的"介"并列，相继传话，这是极为尊敬的表示。

誓

用斧头斩断草木来发誓

> 约信曰誓，莅牲曰盟
> ——《礼记》

❶ ❷

人类任何一种文明形态中都有着极其古老的盟誓制度，人与人之间的诚信就靠这种制度来约束。古代中国的盟誓制度，与其他文明形态相比，既有共性，又有独特性。

甲骨文中还没有发现"誓"这个字，不过先秦的金文中出现的频率非常之高，表明至迟到西周早期时，盟誓制度已经完备。

誓，金文字形❶，右边是"斤"，也就是一把斧头；左边上下是草木之形，草木之间的两短横表示草木被斩断分为两截。整个字形会意为用斧头斩断草木。金文字形❷，左边的下面添加了一个"言"，用斧头斩断草木的同时还要说话，这种方式当然就是指发誓。金文字形❸，结构有所变化，左边还是断开的两根草木，右边是上"斤"下"言"，小篆字形❹就是根据这个字形而最终定型的。

《说文解字》："誓，约束也。从言，折声。"段玉裁注解说："《周礼》五戒，一曰誓，用之于军旅。按凡自表不食言之辞皆曰誓，亦约束之意也。"据《周礼》记载，周代有"士师"一职，所掌管的有约束犯

❸　❹

罪的"五戒"之法，第一戒就是"用之于军旅"的"誓"。

相信很多读者朋友都有过类似的体验：小时候，小伙伴之间互相赌咒发誓，常常拿一根野草或一段树枝，用力折断，以表示誓言的坚决。而"誓"之所以用断开的草木来会意，正是人类这一最原始的发誓行为的如实写照。不过如果"用之于军旅"，为郑重起见，要折箭为誓，或者用战斧斩断箭矢，这也就是"誓"的字形中斧头的由来，即作战时所用的战斧。

白川静先生在《常用字解》一书中总结道："持斧砍断草木实际上是向神起誓的特定动作。'言'指向神起誓的言语。'誓'本义为向神发誓，后来泛指各种起誓、誓言。"

因此，"誓"的本义就是用言辞来约束，即段玉裁所说"凡自表不食言之辞皆曰誓"。

《礼记·曲礼下》篇中说："约信曰誓，莅牲曰盟。"讲的是"誓"和"盟"的区别：所谓"约信"，即用言辞相约束，这叫"誓"；而"盟"必须"莅牲"，要走到方坎前面察看祭牲。

王力先生在《王力古汉语字典》中将二者的区别辨析得更加清楚："盟要杀牲歃血，是两方或多方的约誓行为；誓不必杀牲歃血，可以是集体约誓，也可以是单方面的发誓。后世有所谓'心盟'，指个人发誓。"

鬥

两个人面对面徒手搏斗

斗，两士相对 ——《说文解字》

❶

❷

❸

首先需要说明的是，"斗"和"鬥"是两个不同的汉字，"斗"是量器和容量单位，而"鬥"则指争鬥，如今都统一为简化字"斗"。本文讲解的是"争鬥"之"鬥"，以下均使用本字"鬥"。

鬥，甲骨文字形❶，可以看得很清楚，这是两个面对面的人在徒手搏斗，连头发都披散开了。甲骨文字形❷，省去披散的头发，突出徒手的形象。小篆字形❸，中间还是两只手，但已经没有了相搏之形。而今天使用的"鬥"字，里面更是讹变为串玉（不是"王"）。如果没有甲骨文作参照，我们就完全不理解古人到底是怎么造出来这个字的了。

《说文解字》："鬥，两士相对，兵杖在后，象鬥之形。"这一释义的错误，段玉裁早就指出来过："谓两人手持相对也。"甲骨文大家罗振玉先生也说："卜辞鬥字皆象二人相搏，无兵杖也，许君殆误。"张舜徽先生也在《说文解字约注》一书中纠正道："鬥字当以徒手角力为本义，乃具体象形。今之所谓摔角，是其事也。凡角力者两人皆举其手作势以相对。"

张舜徽先生的解说非常富有启发性。如果战争中相斗，则双方一定各用兵器，绝不可能徒手相搏；如果是从日常生活中两个人打架取意，又并非常见的现象。

❸

因此，这个字乃是摔跤游戏的如实写照。

摔跤游戏即风行日本的"相扑"，不过"相扑"的称谓则起源于古代中国，最初称为"角抵"或"角牴""角觗"，写法不同而已。据《汉书·刑法志》载："春秋之后，灭弱吞小，并为战国，稍增讲武之礼，以为戏乐，用相夸视。而秦更名角抵，先王之礼没于淫乐中矣。"这是说"角抵"之戏起源于战国时期，秦代更名为"角抵"。

北宋高承在《事物纪原》中写道："今相扑也。《汉武故事》曰：'角觗，昔六国时所造。'《史记》：'秦二世在甘泉宫作乐角觗。'注云：'战国时增讲武，以为戏乐相夸，角其材力以相觗斗，两两相当也。汉武帝好之。'白居易《六帖》曰：'角觗之戏，汉武始作，相当角力也。'误矣。"

高承所引用的"秦二世在甘泉宫作乐角觗"，今本《史记》并没有这段文字；高承据此认为白居易"角觗之戏，汉武始作"的说法错误。不过，据《汉书·武帝纪》载："（元封）三年春，作角抵戏，三百里内皆观。"东汉学者应劭认为"角抵"之名起于秦代，汉武帝"大复增广之"，但"鬥"的字形正合"角其材力以相觗斗，两两相当也"的情形，因此"角抵"这一游戏的起源应该更早。

晋代已有"相扑"之名。晋代之后，"角抵"和"相扑"这两个名字交相使用，直到进入现代社会，"角抵"之名才废弃不用，导致今人但知"相扑"而不知其源头的"鬥"和"角抵"之戏了。

《当世东织锦绘信》（当世東にしき絵 文）

歌川国贞绘·约1819—1820年

歌川国贞（1786—1865），原名角田庄五郎，画号有"五渡亭""香蝶楼"等，又称三代歌川丰国，是浮世绘艺术发展末期（文化文政以后）日本最受欢迎的画家之一。"歌川派"是浮世绘派别中影响力最大的一派。歌川国贞师承初代歌川丰国，以美人画和描绘歌舞伎演员的"役者绘"著称，画中女子多妖艳妩媚，并带有颓废色彩。

这幅画的是二女相斗的场景，是浮世绘中少见的题材。二女衣着艳丽，眉目鲜明，正为了一封信争抢，几乎大打出手。似乎是一个要看，一个不给看，小儿女嬉戏般的争执发展为动真格。这封要紧的信大概是情人写来的吧，不知是信的内容还是来信人的身份令两个女子如此争夺呢。

用手抓住俘虏回家收养起来

楚子使师缙示之俘馘 ——《左传》

"俘"即俘获、俘虏,这一义项今天还在使用。甲骨卜辞中"俘"字出现的频率非常之高,这也符合古代中国"国之大事,在祀与戎"的传统,战争越多,则俘虏越多。

俘,甲骨文字形❶,左边是一只手,右边是"子",表示人。手抓住人,就意味着战争中抓获的俘虏。由此也可知"俘"的本字为"孚"。甲骨文字形❷,右边又添加了一个"彳",表示驱赶俘虏行走之意。金文字形❸和❹,大同小异,只不过"子"的头部填实。金文字形❺,同于甲骨文的"子"形。小篆字形❻,左边添加了一个单人旁,正式定型为后来使用的"俘"字。

《说文解字》:"俘,军所获也。从人孚声。《春秋传》曰:'以为俘聝。'"许慎的引文出自《左传·成公三年》,原文"聝"作"馘"。这是古代战争中一种计算功劳的方法,《左传·僖公二十二年》中也有同样的记载:"楚子使师缙示之俘馘。"杜预注解说:"师缙,楚乐师也。俘,所得囚。馘,所截耳。"孔颖达正义引述了三家学者的相同观点:"郭璞云:'今以获贼耳为馘。'《毛诗传》曰:'杀而献其耳曰馘。'郑笺云:

❹ ❺ ❻

'馘所格者,左耳也。'"然后自己又注解说:"然则俘者,生执囚之;馘者,杀其人,截取其左耳,欲以计功也。"

也就是说,战争结束之后,还活着的俘虏称作"俘";被杀死的敌人,要把他们的左耳割下,带回营地,作为计功的凭据,这就叫"馘(guó)"。最初割下的是敌人的头,因此用"首"字旁的"馘";但割头太麻烦,后来就只割取左耳,因此用"耳"字旁的"聝",读音相同,无非是耳朵旁和首字旁的区别而已。金庸先生的著名武侠小说《神雕侠侣》中,杨过为郭襄的十六岁生辰祝寿,送上的第一件礼物就是"两千只蒙古兵将的耳朵",正是这一战争行为的生动写照。

那么,问题来了:所抓获的俘虏是人,"俘"为什么不从"人",而偏偏从"子"呢?这个疑问迷惑了历代学者。于省吾先生在《甲骨文字释林》一书中写道:"我们探讨造字的起源,往往从原始氏族社会的生活习惯中得到解答。因为各氏族的生活习惯,既各有其特点,又有普遍一致之处。"

他接着引述美国学者摩尔根在名著《古代社会》中的一个观察结果:"在战争中所捕获的俘虏,不是杀死即是收养于氏族之内。被捕获的妇女和小儿,通常也是一样经过了这种恩泽形式的。收养不仅给予他氏族权,同时还给予部落的族籍。收养一个俘虏的个人,就把他或她置于自己的兄弟或姊妹的关系之列了。比如一个年长的母亲,收养一个男儿或女儿,以后在各方面,均把他或她当作恰如自己所生的男儿或女儿一般。"

于省吾先生因而得出非常有说服力的结论:"这是古代氏族社会在战争中,把俘虏其他氏族的男女收养为自己子女的事例。我国古代对于男儿女儿通称为子,周代典籍习见……收养战争中俘虏的男女以为子,这就是孚的造字由来。"

德行篇

德

在十字路口要行得正

吾未见好德如好色者也 ——《论语》

❶　　　　❷

"德"这个字很有趣，甲骨文字形❶，这是一个会意字，中间是古"直"字，四面围绕着的表示十字路口。李敬斋先生认为"直行为德"，就是行得正。左民安先生认为："其右部是一只眼睛，眼睛之上是一条垂直线，这是表示目光直射之意。所以这个字的意思是：行动要正，而且'目不斜视'。"甲骨文字形❷，十字路口省写为"彳"。金文字形❸，同于甲骨文。金文字形❹，在"直"的下面添加了一颗心，不光目正，还要心正。小篆字形❺，直接从金文演变而来，变成了一个形声字。

《说文解字》："德，升也。"这是"德"的引申义，本义是行得正，引申为德行。"德行，内外之称，在心为德，施之为行。"《正韵》："凡言德者，善美，正大，光明，纯懿之称也。"古人有九德之说，说法不一，《尚书·皋陶谟》称九德为："宽而栗，柔而立，愿而恭，乱而敬，扰而毅，直而温，简而廉，刚而塞，强而义。"宽厚而庄重，温和而有主见，谨慎而恭敬，能干而敬业，顺从而果敢，正直而温和，有谋略而能务实，刚正而有节制，勇敢而有道义。这九德是判断人的真伪的九项标

❸ ❹ ❺

准，但是古往今来，能够符合这九德的人实在是太少了。

《左传·昭公二十八年》中有关于九德的另一种说法："心能制义曰度，德正应和曰莫，照临四方曰明，勤施无私曰类，教诲不倦曰长，赏庆刑威曰君，慈和遍服曰顺，择善而从之曰比，经纬天地曰文。"《逸周书》又把"忠、信、敬、刚、柔、和、固、贞、顺"称作九德，其中的含义请读者朋友悉心体会。

古人最讲究德，因此对"德"的研究很深刻，除了九德之外，还有三德、六德等种种规定。三德："一曰正直，二曰刚克，三曰柔克。""一曰至德，以为道本；二曰敏德，以为行本；三曰孝德，以知逆恶。""三德，谓礼宾、亲亲、善善也。"六德："知，仁，圣，义，忠，和。""礼，仁，信，义，勇，智。"无论九德、三德还是六德，大同小异，后来成为儒家学说的核心概念，强调以德治国，并把这种理想的治国理念称作"德政"。

孔子曾经说过一句著名的话："吾未见好德如好色者也。"意思是：我没有见过爱好德行就像爱好美色一样的人。可见即使有种种关于"德"的规定和美誉，好德的人也不如好色的人多。

古人有德配天地的赞誉之辞，比喻一个人的德行可与天地相匹配。后来就把"德配"引申为对别人妻子的尊称，意思是说这个人的妻子，德行可以跟丈夫相匹配，不过不能用作口语，多用于死后的悼文，属于恭维死人的漂亮话，过去叫谀辞。

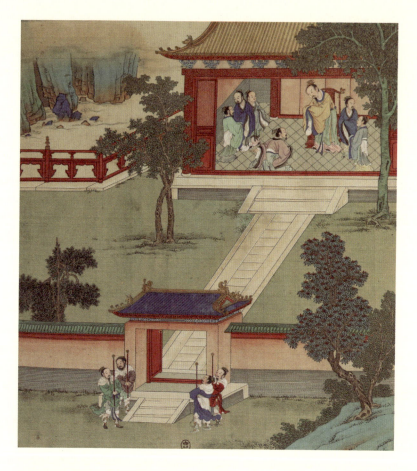

《彩绘帝鉴图说》（Recueil Historique des Principaux Traits de la Vie des Empereurs Chinois）之"德灭祥桑"

约 18 世纪，法国国家图书馆藏

"德灭祥桑"的典故出自商史。商王太戊当政时，有祥桑与谷树合生于朝，两树一夜之间长到一起，粗有合抱，太戊惧。伊陟曰："妖不胜德，君之政，其有阙欤。"太戊于是修先王之政，明养老之礼，早朝晏退，问疾吊丧。三日而祥桑枯死；三年远方重译而至者七十六国，商道复兴。

祥桑与谷树皆为妖异之树，古人认为唯有修德行才能灭妖异。张居正借此典故告诫小皇帝：妖不自作，必有所招；为人君者，不可一日不修德也。

圣

人踮起脚尖倾听神的声音

母氏圣善，我无令人 ——《诗经》

❶　　　　❷　　　　❸

中国古代把品德最高尚，智慧最高超，已经达到了人类最高、最完美境界的人称作"圣人"，又引申为凡是帝王、皇后、皇太后、佛菩萨、仙道方士等一概称作"圣人"，而且"圣人"还是孔子的专称。"圣"为什么会如此超凡脱俗，如此完美无缺呢？

圣，甲骨文字形❶，这是一个会意字，下面是一个人踮着脚面朝左侧立，上面是一只大大的朝右的耳朵，会意为人善于倾听。甲骨文字形❷，人面朝右侧立，大耳朵则朝左，左边又添加了一个"口"，会意为人不仅要善于倾听，还要善于辩论。金文字形❸，下面的人似乎有点儿顶不住大耳朵的压力，努力挺直了腰。金文字形❹，耳朵变得更加巨大，下面的人变形得厉害。小篆字形❺，直接从金文❹演变而来。楷书繁体字形❻，上面的"耳""口"定型，下面也定型为"壬"（不是"王"）。简化后的"圣"其实是另外一个完全不相干的字，金文字形❼，也是一个会意字，左下方是"土"，右上方是手，会意为挖掘土地，《说文解字》："圣，汝颍之间，谓致力于地曰圣。"

《风俗通》解释道："圣者，声也。闻声知情，故曰圣也。"这个解释倒是跟那个大耳朵的样子非常相符。白川静先生则把"圣"字解释为:"古人相信耳可以捕捉到神声,尽管神声微乎其微。诵咏祝词,踮起脚尖向神祷告,可以听到神明的诏示的人,谓'圣',即圣职者。"意思也差不了多少。

《诗经》中有一首叫《凯风》的诗,其中吟咏道:"凯风自南,吹彼棘薪。母氏圣善,我无令人。"从南边吹来的和暖的风叫"凯风","棘"是酸枣树,"令"是善。这两句诗的意思是:和暖的凯风从南边吹拂而来,吹拂着已经长成柴薪的酸枣树粗粗的枝条。母亲睿智又贤良,我们做儿子的却没有成长为品德美好的人。因此后来就用"圣善"作为母亲的代称。

古人有"内圣外王"一说,"内圣"指内心的道德修养,"外王"指将内心的道德修养施之于外,齐家治国平天下。此语并非儒家首创,而是出自庄子之口。庄子说:"不离于宗,谓之天人;不离于精,谓之神人;不离于真,谓之至人。以天为宗,以德为本,以道为门,兆于变化,谓之圣人。以仁为恩,以义为理,以礼为行,以乐为和,熏然慈仁,谓之君子。"这就是庄子心目中"内圣"的理想人格。

有趣的是,"圣人"还是美酒的别称。酿酒需要耗费大量的粮食,东汉末年,天下贫瘠,把持朝政的曹操颁发了禁酒令。但是酒的诱惑实在太大了,偷着饮酒的人层出不穷,这些人当然不敢明着说自己在喝酒,于是就创造了两个隐语:把清酒叫作"圣人",把浊酒叫作"贤人",合称为"清圣浊贤"。从此之后,"清圣浊贤"作为酒的别名就流传了下来,南宋著名诗人陆游在《溯溪》一诗中写道:"闲携清圣浊贤酒,重试朝南暮北风。"

贤

主人用手驱使奴隶去创造财富

> 野无遗贤，万邦咸宁
> ——《尚书》

❶　❷　❸

"贤"这个字很有意思，现在多用于贤能、贤士、贤良、思贤如渴，指人多才多能和美好的品德。但是这个字最初却跟这些意义毫无关系。

贤，金文字形 ❶，包括许慎在内的古代和现代文字学家都把它解释为一个形声字，《说文解字》："贤，多才也，从贝臤声。"许慎认为表声的这个"臤"字就是"贤"的古字，许慎又如此解释"臤"："臤，坚也。"段玉裁注："谓握之固也。"即"臤"是坚固的意思。但是这个意思如何又跟"贤"扯上了关系，都语焉不详。

我认为诸多文字学家都忽略了"贤"和"臤"这两个字的结构成分之一——臣。

臣，甲骨文字形 ❷，这是一个象形字，就像竖起来的一只眼睛。人的眼睛什么时候才会竖起来呢？回答是：低头的时候，从侧面看上去，眼睛就是竖起来的。因此《说文解字》解释道："臣，事君者也，象屈服之形。"其实这并不是"臣"的本义，"臣"的本义是男性奴隶。奴隶既不能抬头看主人，又不能正面直视主人，所以你看甲骨文的这个"臣"字就是一个非常形象的男性奴隶

❹

❺

❻

的样子。也有学者说,古代抓获战俘,刺瞎一只眼睛以为奴隶。甲骨文字形❸,金文字形❹,眼睛的形状更加形象。"臣"既是奴隶和俘虏,那么就要臣服于主人,因此把对应于"君"的臣子也称作"臣",古代官吏便在国君面前自称"臣"。

如此一来,"臤"这个字当作"握之固也"就可以解释了。

臤,小篆字形❺,右边是一只手,主人或者国君用手牢牢地掌握着奴隶或者臣子的命运,这不是非常形象吗?如此来看,"贤"字就不是一个形声字,而是一个会意字了。我们看"贤"的金文字形❶,下面是"贝",贝代表财物,主人或者国君用手牢牢地掌握着奴隶或者臣子的命运,驱使他们为自己创造财富,这才是"贤"字的本义!即"贤"的本义是多财物。庄子在《徐无鬼》一篇中说:"以财分人谓之贤。"正是用的本义。而段玉裁也注解得非常正确:"引申之凡多皆曰贤。"《诗经·北山》有句:"大夫不均,我从事独贤。"因为事情多而辛劳叫"贤",就是引申义,后来又引申出现在的用法——多才多能,品德美好,贤人、贤士、贤臣、时贤、贤惠等都是用的这个引申义。《尚书·大禹谟》中有"野无遗贤,万邦咸宁"的句子,"遗贤"即弃置未用的贤才。同时"贤"字又引申用作动词,有胜过、超过的意思,如韩愈《师说》:"师不必贤于弟子。"

贤,小篆字形❻,跟金文没有任何区别。

"贤"既指人的美好品德,因此后来也用作对别人的敬称。在对别人的敬称前冠以"贤"字,比如贤弟、贤侄、贤甥、贤妻。《颜氏家训》:"凡与人言,自叔父母以下,则加'贤'字。"遂固定为我国古代对别人敬称的专用字了。

《见立三国志 玄德三雪中访孔明》（雪の訪問 見立三国志 玄德三雪中孔明訪ヵ）
胜川春扇绘，江户时代

    胜川春扇（1762-1830），江户时代浮世绘师，又称二代胜川春好，是胜川春英的门人，活跃于文化到文政年间，擅长美人画、役者绘、风景画。
    这是一幅"见立绘"。"见立绘"是浮世绘中一种常见题材，专指将众所周知的历史、传说人物或经典场景用比拟的手法表现在现代事物及人物上。其中将男性人物变装为女性的作品被后人戏称为"娘化"。这幅画描绘了经典的三国故事"三顾茅庐"的情景，刘关张三人冒着风雪来访隐居隆中的当世大贤诸葛亮。不论是三英还是孔明，均被描绘成了窈窕娇媚的游女形象，画面香艳中透着诙谐，令人莞尔。

祭祀前司礼者沐浴濡身

儒有澡身而浴德 ——《论语》

❶　　　　❷　　　　❸

　　儒者给人们的印象大都是峨冠博带，缓步而行，这倒符合《说文解字》对"儒"这个字的解释："儒，柔也，术士之称。""儒"字为什么会具备这个义项呢？

　　大部分学者都认为"需"是"儒"和"濡"的本字。需，甲骨文字形 ❶ 和 ❷，这是一个会意字，会意为一个人身上不停地往下滴水。徐中舒先生说："像人沐浴濡身之形，为'濡'之初文。"他又说："上古原始宗教举行祭礼之前，司礼者需沐浴斋戒，以致诚敬，故后世以需为司礼者之专名。需本从像人形之'大'，因需字之义别有所专，后世复增人旁作儒，为踵事增繁之后起字。"

　　需，金文字形 ❸，人沐浴的样子更加形象。金文字形 ❹，沐浴的水形变为上面的"雨"，意思好像人被雨淋湿了。小篆字形 ❺，下面的人形讹变为"而"。"儒"的小篆字形 ❻，即由此而来，只不过添加了一个人字旁。

　　段玉裁说："儒者，濡也，以先王之道能濡其身。"意思是能用先王之道湿润、灌溉自身，亦即《礼记·儒行》中孔子所说："儒有澡身而浴德。"非常符合"需"的甲骨文和金文字形。

❹ ❺ ❻

"儒"为什么当作"柔"讲？又为什么成为术士的称呼呢？段玉裁引用郑玄的话说："儒行者，以其记有道德所行。儒之言优也，柔也，能安人，能服人。"他又引用《玉藻》一书的注："舒儒者，所畏在前也。"所谓柔，就是柔顺，就是"所畏在前"。儒者不正是这样一副形象吗？动作谨慎，循规蹈矩，"非礼勿视，非礼勿听，非礼勿言，非礼勿动"，用儒家的一套柔顺的伦理规则来正人正己，此之谓"能安人，能服人"。

针对儒者的这种特征，胡适先生认为最初的儒是殷商的遗民，从殷商的祝宗卜史等行业转化而来，在西周及春秋以治丧相礼为职业。既是遗民，当然以柔逊为特征，这一特征乃由亡国状态所养成。后来成为术士之称，自孔子之后，才形成今天意义上的儒家和儒者的概念。

同样认为儒者从殷商的祝宗卜史等行业转化而来，白川静先生的见解也很别致。他说："'需'为'雨'与'而'（头发剃断不结发髻之人）组合之字，指巫祝。干旱时节，巫祝要主持求雨仪式，谓'需'，即需要、期待降雨。求雨的巫祝称'儒'。作为下层巫祝操持求雨的节日，或是为富裕家庭办理丧事，奔前走后，这就是古代儒者的本来身姿。出身于这样的底层社会的孔子，努力建立具有普遍性的为人之道，并遂其道于大成，开创了儒家、儒学。"

儒有澡身而浴德，洁身自好，沐浴在先王的道德中。以至于扬雄称"通天地之人曰儒"，已经将原初的"儒"的含义无限拔高了。

学

搭建的供教学用的屋舍

学而时习之，不亦说乎 ——《论语》

❶

❷

❸

《论语》开篇第一句话就是："学而时习之，不亦说乎？""说"通"悦"。学习后经常去反复钻研，不是很高兴吗？可见孔子对"学"的重视程度。

学，甲骨文字形❶，这是"学"最初造出来的模样，是一个会意字，下面是带有柱子的屋子的形状，上面是交叉的木杆，会意为搭建的供教学用的屋舍。也有人说上面是竹木所制、用于计算的算筹。甲骨文字形❷，在学校屋舍的两旁，又添加了两只手，表示用手辅导、传授的意思。金文字形❸，在甲骨文字形的下面又添加了一个"子"，表示小孩子来到学校的屋舍里学习，小孩子是学习的主体。金文字形❹，右下部又添加了一个"攴"，"攴"读作"pū"，是类似于教鞭的硬树枝，用以鞭策学生勤奋学习。小篆字形❺，同于金文字形。楷书繁体字形❻，仍然能够看出造字的本义。可是简化后上部变形为三点，交叉木杆和双手的形状完全看不出来了。

《说文解字》解释"学"这个字，根据的是金文字形❹演变而来的小篆字形❼，右边带有教鞭："觉悟也。"觉悟也就是学习之后的效果。其实从甲骨文、金文字形，可以清晰地看出"学"从学舍演变为学习之意的完整过程。

❹ ❺ ❻ ❼

《广雅·释室》:"学,官也。""官"通"馆",明明白白释义为学馆。

中国古代重视教育,很早就出现了学校,《礼记·王制》中说:"小学在公宫南之左,大学在郊。""公宫"指君王的宫殿,小学位于此宫殿以南的左侧;大学则离得远一点,位于郊外。古时小孩子八岁的时候就要进入小学,正如朱熹所说:"人生八岁,则自王公之下,至庶人之子弟,皆入小学,而教之以洒扫、应对、进退之节,礼、乐、射、御、书、数之文。"十五岁的时候就要进入大学,正如朱熹所说:"及其十有五年,则自天子之元子、众子,以至公、卿、大夫,元士之适子,与凡民之俊秀,皆入大学,而教之以穷理、正心、修己、治人之道。"

学子入学时还有一项如今早已失传,但是非常有趣的礼仪,叫作"释菜","菜"指苹(青蒿)、蘩(白蒿)一类的植物,繁殖力旺盛,生长迅速,因此用以祭祀祖先。"释菜"之礼是用苹、蘩之属来祭祀先圣先师,祭祀完毕之后,还要跳舞唱歌。郑玄说:"将舞,必释菜于先师以礼之。"可见"释菜"之礼必在舞蹈之前举行。

《礼记·王制》又说:"天子曰辟雍,诸侯曰頖宫。"西周时期,天子设立的大学称作"辟雍"。"辟"通"璧",模仿圆形的璧玉,象征天,修建圆形的校址;又在周围壅塞流水,筑成水池,象征教化如流水一样通行无阻。诸侯设立的大学称作"頖宫","頖"通"泮",都读作"pàn",指壅塞流水筑成的水池要比天子的小一半,只有南面通水而北边无水,以示等级之别。

《(传)刘松年人物图说》(局部)

明清佚名绘,绢本设色长卷,美国弗利尔美术馆藏

刘松年,生卒年不详,钱塘(今浙江杭州)人,南宋孝宗、光宗、宁宗三朝的宫廷画家。擅山水,笔墨精严,着色妍丽,界画工整。兼精人物,神情生动,衣褶清劲。后人将他与马远、李唐、夏圭并称为"南宋四家"。此卷为明清人仿作,题材类似《养正图》,画前贤人物故事数则,图文并茂。

这幅画的是魏照求师于郭泰的故事。郭泰是东汉时期大学者,字林宗。尝入太学,诸生三千人,林宗为之冠。童子魏照求师事之,供给洒扫。泰曰:"汝少年,当精研文字,讲读经书,何得暇来与我相近?"照曰:"经师易获,人师难遭。欲以素丝之质,附近朱蓝。"魏照可谓善于择师求学之人。

义

战争前杀羊并陈列兵器

不义而富且贵，于我如浮云 ——《论语》

❶　　　　❷

"义"是一个义项繁多的汉字，同时也是传统文化中非常重要的概念，形塑了中国人的道义观。

义，甲骨文字形❶，这是一个会意字，上面是一只羊，下面是一把锯齿状的兵器。羊是用于祭祀的祭牲，兵器表示征战，征战前要杀羊并陈列兵器，举行祭祀仪式，祈祷战争的胜利，因此会意为合宜的道德、行为或道理，也就是正义。金文字形❷，下面兵器的形状更清晰。小篆字形❸，下面的兵器规范化为"我"。楷书繁体字形❹，同于小篆。简化后的字体完全看不出造字的原意了。

《说文解字》："义，己之威仪也。"许慎解释的其实是"仪"这个字，"义"是"仪"的古字。还记得《孟子》那段著名的话吧？"生，亦我所欲也；义，亦我所欲也，二者不可得兼，舍生而取义者也。"这就是"义"的本义。古人非常重视正义的行为，把义和仁相提并论："立人之道，曰仁与义。"古时候"义"和"谊"也可以通假使用，比如无情无义、忘恩负义的"义"即指情谊。在很多成语中都留下了这样使用的痕迹。

孔子说过:"君子喻于义,小人喻于利。""不义而富且贵,于我如浮云。"他还说过:"君子义以为质,礼以行之,逊以出之,信以成之。君子哉!"意思是:君子把义作为原则,用礼来做事,用恭顺的言辞来表达,用诚信的态度来完成,这样的人就是君子啊!可见"义"的重要性。姜太公也曾经讲解过"义"与古人看重的其他品行之间的关系:"天有时,地有财,能与人共之者,仁也。仁之所在,天下归之。免人之死,解人之难,救人之患,济人之急者,德也。德之所在,天下归之。与人同忧同乐,同好同恶,义也。义之所在,天下赴之。凡人恶死而乐生,好德而归利,能生利者,道也。道之所在,天下归之。"

有趣的是,既然是征战前举行的祭祀仪式,那么一定要有鲜明的仪仗,"义"字下面的那把锯齿状的兵器就是这种仪仗。顾名思义,仪仗的形式感很强,是一种形式上的东西,因此引申出形式上的、名义上的、假的等含义。南宋学者洪迈在《容斋随笔》中说得最清楚:"人物以义为名,其别最多。仗正道曰义,义师、义战是也。众所尊戴曰义,义帝是也。与众共之曰义,义仓、义社、义田、义学、义役、义井之类是也。至行过人曰义,义士、义侠、义姑、义夫、义妇之类是也。自外入而非正者曰义,义父、义儿、义兄弟、义服之类是也。衣裳器物亦然,在首曰义髻,在衣曰义襕(lán,上下衣相连的服装)、义领之类是也。合众物为之,则有义浆、义墨、义酒。禽畜之贤者,则有义犬、义乌、义鹰、义鹘。"

其中"合众物为之,则有义浆、义墨、义酒"的意思是多种物质或者食料混合而成,比如"义酒"就是将各种酒混合在一起饮用。还有假牙叫义齿,残疾人安装的假肢叫义肢。

高脚盘里盛着祭祀用的玉器

> 暗与山僧别,低头礼白云 ——李白

"礼"是儒家思想的核心概念之一,并且有一整套以维护宗法等级制为目的的礼制系统。今天这个字的意思已经弱化为礼貌、礼节等日常生活中应该遵守的人际关系准则,但是在古代,礼可不仅仅是人际关系的准则,而是古人生活中极其重要的东西。

"礼"最早写作"豊",甲骨文字形 ❶,这是一个象形字,下面是"豆"。"豆"可不是今天所说的豆类,而是一种高脚盘,盛行于商周时期,多陶制,用来盛食物。上面是高脚盘里装满了玉器,用以祭祀。甲骨文字形 ❷,"豆"中系着绳子的玉器的样子更形象。甲骨文字形 ❸,金文字形 ❹,区别不大。小篆字形 ❺,定型化后更规范了。《说文解字》:"豊,行礼之器也。"这是说,"豊"是一种礼器。古时最重要的礼是祭祀之礼,因此后来给"豊"添加了一个"示"字旁,凡是"示"字旁的字大都与祭祀之事有关。小篆字形 ❻,右上角讹变为"曲"。简化后的字体完全看不出造字的原意了。

《说文解字》:"礼,履也,所以事神致福也。"可见"礼"的本义是举行仪礼,祭神求福。李白有诗:"暗与山僧别,低头礼白云。"低头向白云敬礼,可见虔诚。

❹

❺   ❻

《礼记》中规定:"礼有五经,莫重于祭。"东汉学者郑玄注解道:"礼有五经,谓吉礼、凶礼、宾礼、军礼、嘉礼。"吉礼就是祭祀之礼;凶礼指逢凶事而举行哀悼的仪礼;宾礼指接待宾客的礼仪;军礼顾名思义就是军事上的礼仪;嘉礼,嘉,善也,因人心所善者而制定的礼仪,共分饮食、婚冠、宾射、饗宴(宴饮)、脤膰(shèn fán,祭社稷和宗庙用的肉,赐给同姓之国以示同享富贵)、贺庆六种。而五种礼中,最重要的莫过于祭祀之礼,即吉礼。

古人把"礼"上升到至高无上的地位,《左传》:"夫礼,天之经也,地之义也,民之行也。"除了五经之礼外,古人规定的礼仪还有多种,其一是《礼记》所说节制民性的六礼:冠、昏、丧、祭、乡、相见。冠指男子到了二十岁举行的加冠礼,表示成人;昏指婚礼;乡指乡饮酒和乡射之礼。周代的时候,乡学三年学业完成,要将其中德行道艺突出者推荐给诸侯,临行之际,乡大夫设酒宴以宾礼相待,这叫乡饮酒礼,同时乡大夫、乡老还要与乡人比赛射箭,这叫乡射礼。相见指人与人之间的交际礼仪。

其二是更加细分的九礼:冠、婚、朝、聘、丧、祭、宾主、乡饮酒、军旅。朝是朝拜国君之礼,聘是诸侯之间相互聘问之礼。

其三是直到今天还没有完全消亡的确立婚姻过程中的六礼:纳采、问名、纳吉、纳征、请期、亲迎。纳采是男方向女方送求婚礼物;问名是男方托媒人请问女方的名字和生辰,女方回复;纳吉是男方占卜得到吉兆后，备好礼物通知女方，决定缔结婚姻；纳征是择日将备好的聘礼送到女家，民间俗称过定，意思是正式订婚了；请期是男方行聘之后，卜得吉日，请媒人告知女家成婚日期；亲迎是女婿亲自到女家去接新娘来拜堂成亲。

中国号称礼仪之邦，"礼"渗透进了日常生活的方方面面，由以上的介绍可见一斑。

❶ ❷ ❸

两手持戈戒备森严

八戒夜持香火印，三光朝念蕊珠篇
——白居易

戒，甲骨文字形❶，这是一个会意字，下方左右是两只手，上面是一把戈，两手持戈，表示戒备森严。金文字形❷，两只手移到了左下方。小篆字形❸，变成了上下结构。

《说文解字》："戒，警也。从廾持戈，以戒不虞。"不虞指意料不到的事。"戒"的本义就是警戒，戒备。孔子曾经说过君子有三戒："少之时，血气未定，戒之在色；及其壮也，血气方刚，戒之在斗；及其老也，血气既衰，戒之在得。"这段话的意思是：少年时，血气未定，戒的是女色；等到成年了，血气方刚，戒的是争斗；等到老了，血气已经衰败，戒的是贪得无厌。

"戒"的本义同样用于日常生活中经常出现的一种饰物，就是戒指。明人都印在《三馀赘笔》中列有"戒指"的条目，其中写道："今世俗用金银为环，置于妇人指间，谓之戒指。按《诗》注：'古者后妃群妾以礼进御于君，女史书其月日，授之以环，以进退之；生子月辰，以金环退之。当御者，以银环进之，著于左手，既御者著于右手。'事无大小，记以成法，则世俗之名戒指者，有自来矣。"对于怀孕的后妃，宫中的女官要授给她一枚金环，表示不能与皇帝同床。要与皇帝同床的后妃，就授给银环，戴在左手表示即将和皇帝同床；戴在右手表示已经和皇帝同过床了。但是"戒指"这一称谓却并非在明代才出现,至迟到了元代就已经出现。戒指的"戒"同样使用的是本义,即戒止之意。甚至还有词典说"嫔妃月经来潮之日,即戴戒指,表明不可与帝王同房"。

古代最隆重的"戒"就是斋戒,古人说:"洗心曰斋,防患曰戒。"又说:"湛然纯一之谓斋,肃然警惕之谓戒。"斋戒前要沐浴更衣,使身心保持整洁,以示虔敬之心。《孟子·离娄下》曾经说过:"虽有恶人,斋戒沐浴,则可以祀上帝。"

白居易有诗《白发》:"八戒夜持香火印,三光朝念蕊珠篇。"诗中的八戒是指佛教传入中国后,在家修行的信徒一昼夜之间受持的八条戒律,又称八关斋或八关戒,它们分别是:"一不杀生,不杀生者,谓不断一切众生之命也,自不杀生,亦不教人杀生;二不偷盗,不偷盗者,谓不窃取他人财物也,自不偷盗,亦不教人偷盗;三不邪淫,不邪淫者,谓非己妻妾不行淫欲之事也;四不妄语,不妄语者,谓自不妄言,亦不可以虚妄之言而诳于他也;五不饮酒,不饮酒者,谓酒是乱性之本,起过之门,故不可酗饮也;六不坐高广大床,高广大床者,《阿含经》云:床高一尺六寸,非高也,阔四尺,非广也,长八尺,非大也,但过此量者,名高广大床,不宜坐也;七不着花鬘璎珞,不着花鬘璎珞者,谓不以花为鬘,珠玑为璎珞,而作身首之饰也;八不习歌舞戏乐,不歌舞戏乐者,谓自不习歌舞戏乐,及不得辄往他处观听,亦不教人歌舞戏乐也。"

如果以此标准来衡量的话,猪八戒完全不符合"八戒"的名字啊!

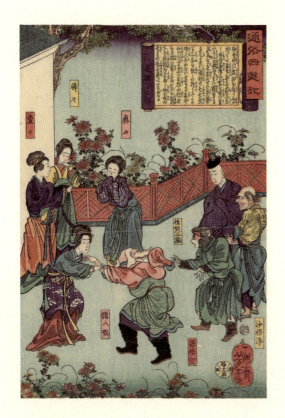

《通俗西游记 撞天婚》
月冈芳年绘·1865 年

月冈芳年（1839—1892），画号一魁斋芳年、魁斋、玉樱楼等，晚名大苏芳年。师从歌川国芳，日本江户时代末期著名浮世绘师。他的作品题材多样，包括历史绘、美人画、役者绘、风俗画、古典画、合战绘等，以带有强烈冲击性的"无惨绘"著称，被誉为"最后的浮世绘师"。

《西游记》在日本是《三国演义》之外流传最为广泛的中国故事，江户时代译入日本后，浮世绘师创作了很多精美插图。月冈芳年笔下的《通俗西游记》绘制较晚，设色浓郁，造型已明显脱离中国绣像本痕迹。

这幅画的是猪八戒撞天婚的故事，出自《西游记》第二十三回。梨山老母、文殊、普贤等欲试取经四众之禅心，幻化庄院，假作孀妇，携三女真真、爱爱、怜怜招婚，唐僧、悟空、悟净漠不为动，独猪八戒喜不自胜，涎着脸百计求婚，丑态尽出。

忍

锋利的刀刃插到了心上

是可忍也,孰不可忍也 ——《论语》

❶

《论语》说:"小不忍则乱大谋。"《孟子》说:"所以动心忍性,曾益其所不能。"很多人都认为忍耐是中国人的传统性格之一,这其实跟"忍"字的本义并不完全符合。

忍,金文字形 ❶,下面是一颗心,上面是锋利的刀刃。许慎认为"忍"是一个"从心刃声"的形声字,但我觉得倒像一个会意字。俗话说忍字头上一把刀,这把锋利的刀刃插到了人的心上,完全可以会意为忍耐之意。明代学者赵宧光就持这样的观点,他解释说:"如刀刺心,忍意也。"小篆字形 ❷,变化不大。

《说文解字》:"忍,能也。"能是能耐的意思,忍耐就是能耐。"忍"这个字的义项显示了汉语中一个有趣的现象,即同字反义或同词反义,就是说一个词既可以指正面,又可以指它的反面,正反义都可兼具。比如"断肠"一词,既可以当作极度伤心的意思,又可以当作极度欢喜的意思;又比如"冤家"一词,既可以指仇人,又可以指爱人。"忍"字也是如此。段玉裁解释说:"凡敢于行曰能,敢于止亦曰能。忍之义亦兼行止:敢于杀人谓之忍,俗所谓忍害也;敢于不杀人亦谓之忍,

❷

俗所谓忍耐也。其为能一也。仁义本无二事，先王不忍人之心，不忍人之政中皆必兼斯二者。"先王之道，有不忍人之心，但是这个不忍人之心包括了敢于杀人和敢于不杀人两个方面，这就是"忍"的本义所包含的正反两个方面的义项。

如果用"忍字头上一把刀"这句俗语来解释"忍"的话：如刀刺心，但就是忍着不报复，即段玉裁所说"俗所谓忍耐也"；被逼到了极限，就要动用这把刀了，即段玉裁所说"俗所谓忍害也"。事情的正反两方面都在一个字上体现了出来。

日常生活中，人们形容对某件事的愤慨程度，常常说："是可忍，孰不可忍！"这句名言出自《论语》。据《论语·八佾》载："孔子谓季氏：'八佾舞于庭，是可忍也，孰不可忍也。'"季氏是鲁国的国卿，佾（yì）是古代乐舞的行列，八佾就是一行八人，一共八行，八八六十四人，人人手执一柄稚羽（野鸡的羽毛）而舞，这是周天子在太庙祭祀时所用的人数。只有天子才可以"八佾"；诸侯六佾，六六三十六人；卿大夫四佾，四四十六人；士二佾，二二为四人。

鲁国按理只能够"六佾"，不过鲁国是周天子分封给周公的诸侯国，周公是周武王的亲弟弟，辅佐周武王灭了商朝，周武王死后，他的儿子周成王继位，成王年幼，由周公摄政，成王长大后才把国政交还。因为周公德高望重，功劳很大，所以在周公死后，周成王特许鲁国国君享受天子"八佾"的礼仪。

但是"八佾"之礼只能在祭祀周公太庙的时候使用，不能在其他任何场合使用。季氏不过是一个卿大夫，仗着把持国政，悍然在自己家庙的庭院里用六十四人的"八佾"之礼奏乐起舞，属于严重的僭越行为，因此激怒了孔子，孔子才当面对季氏说："是可忍也，孰不可忍也。"这句话有两种理解：一是，这种事季氏你都忍心做得出来，还有什么事你不可忍心做得呢？意思就是再坏的事你都能够做得出来；二是，人们对你做的这件坏事都能够容忍，还有什么人、什么事不能容忍呢？

善

像目光和善的羊一样美好

君子莫大乎与人为善 ——《孟子》

❶　　　　❷

善和恶是一对反义词。

先说善，甲骨文字形❶，这是一个会意字，上面是羊，下面是眼睛，羊的眼睛很和善，因此用来会意。金文字形❷，脱离了甲骨文的造字思维，上面是羊，下面是两个"言"。金文字形❸，大同小异。古人把羊视为吉祥、美好的动物，"言"是说话，会意为说出的话非常吉祥、美好，因此《说文解字》解释道："善，吉也。"也有学者认为上面的羊会意为美味，下面的"言"会意为因美味而连连称赞。小篆字形❹，下面两个"言"简化成了一个。

已经有一千多年历史的蒙学读物《三字经》，开篇就是："人之初，性本善。"孔子亦有名言："三人行，必有我师焉，择其善者而从之，其不善者而改之。"儒家持"性善论"，因此"善"是儒家学说中一个重要的方面。孟子则说得更多："苟为善，后世子孙必有王者矣。""君子莫大乎与人为善。""教人以善，谓之忠。""好善优于天下。"善良、善心，这都是从吉祥、美好的本义引申出来的含义。

"善"的金文字形有两个"言"，表示吉祥、美好

❸

❹

❺

的话说得越多越好,所谓连连称善,因此"善"又可以引申为多。《诗经·载驰》中有"女子善怀,亦各有行"的诗句,意思是女子有很多思念,心里面也有自己的主张。《礼记·文王世子》中有更明确的记载:"尝馔善,则世子亦能食;尝馔寡,世子亦不能饱。"这句话的意思是:如果父王吃饭多,那么太子也能吃饭多;如果父王生病吃饭少,那么太子也因为忧愁而吃不饱。"善"与"寡"相对,当然是多的意思;如果把此处的"善"理解成美好,就说不通了。

善有善报,恶有恶报。恶,小篆字形❺,许慎认为这是一个形声字,从心亚声。不过有很多学者都认为"亚"字像殷代地下墓室的平面图形,白川静先生说:"墓室为死者的居所,对活着的人来说,此处乃心情不畅之地,易生嫌忌拘谨之思。"那么"恶"就是一个会意兼形声的字。《说文解字》:"恶,过也。"人有过错叫恶。不过还有一种说法:"有心而恶谓之恶,无心而恶谓之过。"

古人把六种极其凶恶的事情叫作"六极",分别是:"一曰凶短折,二曰疾,三曰忧,四曰贫,五曰恶,六曰弱。"这并不是指对人凶恶,而是指自身遭遇的祸患。

又有"十恶不赦"的说法,指古代刑律制定的十种大罪。《隋书·刑法志》载:"一曰谋反,二曰谋大逆,三曰谋叛,四曰恶逆,五曰不道,六曰大不敬,七曰不孝,八曰不睦,九曰不义,十曰内乱。"一曰谋反,企图推翻现政权。这一条历来都是"十恶"之首。二曰谋大逆，危害君父、宗庙、宫阙等罪行。三曰谋叛，背叛朝廷。四曰恶逆，殴打及谋杀祖父母、父母，杀死伯叔父母、姑、兄、姊、外祖父母、夫、夫之祖父母、父母。五曰不道，杀死一家非死罪三人，将人肢解，造毒物杀人，用邪术诅咒人等。六曰大不敬，冒犯皇帝的尊严，偷盗皇帝祭祀的器具和皇帝的日常用品，伪造御用药品以及误犯食禁。七曰不孝，对祖父母或父母不孝。八曰不睦，亲族之间互相伤害。九曰不义，杀本属府主、刺史、县令、现受业师；吏卒杀本部五品官以上官长；闻夫丧匿不举哀，守丧期间作乐、穿吉服及改嫁。十曰内乱，亲族之间通奸或强奸。

仙人穿着草鞋隐形飞升

为伊判作梦中人，长向画图，清夜唤真真
——纳兰性德

　　"真"是一个结构和含义都极其复杂的汉字，这个字造出来后所引发的争议，跟古人关于出世的理想以及入世的做人的道理息息相关。

　　真，金文字形❶，有学者认为是"珍"字的初文，上面是"乡"字古文的反写，下面是鼎的形状，表示宝贵的意思。也有学者认为上面是人形或饭匙的"匕"，会意为从鼎中取美味的食品。但是另一个金文字形❷却无法这样解释了，我们把这个字形留到小篆时一起讲解。《说文解字》收录的更早的古文字形❸，段玉裁惊呼道："非仓颉以前已有真人乎？"在他看来，这个字形一定表示"真人"。小篆字形❹，到了这个时候，我们才可以破解"真"字的造字密码。

　　《说文解字》："真，仙人变形而登天也。从匕目𠃊，所以乘载之。""匕"是"化"的古字，有变化、变形之意。中间是一个"目"字，即眼睛，段玉裁解释说，道家的养生之道以耳目为先，耳目是寻真的梯级。"𠃊"是"隐"字的古字，意为仙人可以隐形。最下面类似于"八"的符号其实不是"八"，而是仙人用以乘载的工具，按照段玉裁的说法，这个工具就是指方士穿

❸

❹

的专用草鞋,叫作"蹻(jué)",穿上草鞋的双脚形似"八"字形。这个乘载工具也就是金文字形❷和古文❸下面的两个符号。道家经典著作《抱朴子》中说:"若能乘蹻者,可以周流天下,不拘山河。"乘蹻之道有三种,一种叫龙蹻,一种叫气蹻,一种叫鹿卢蹻,是三种飞行的用具,都用一个"八"字形来代表了。

于是,"真"字就是一个会意字,而且一下子动用了四个符号来会意:匕、目、乚、八,真是无比复杂,同时也可以看出古人的智慧。"真"是"眞"的俗字,现在已不大看得出造字的原意了。

道家把修真得道之人称作"真人"。庄子在《大宗师》一篇中曾经详细描述过"真人"的种种特异之处:"古之真人,其寝不梦,其觉无忧,其食不甘,其息深深。真人之息以踵,众人之息以喉。""古之真人,不知说生,不知恶死;其出不欣,其入不距;翛(xiāo)然而往,翛然而来而已矣。不忘其所始,不求其所终;受而喜之,忘而复之,是之谓不以心捐道,不以人助天。是之谓真人。"《淮南子·本经训》中也说:"莫死莫生,莫虚莫盈,是谓真人。"秦始皇对这种"真人"羡慕得不得了,他曾亲口说:"吾慕真人,自谓'真人',不称'朕'。"

小说《西游记》中唐僧对孙悟空说道:"悟空,这里人家,识得我们道成事完了。自古道,真人不露相,露相不真人。恐为久淹,失了大事。"早在明代之前,"真人不露相,露相不真人"这句俗语就开始流行了。宋代禅宗史书《五灯会元》中，智海本逸禅师说偈曰："佛也打，祖也打，真人面前不说假；佛也安，祖也安，衲僧肚皮似海宽。"这是"真人面前不说假话"的由来。从以上两句俗语可见，"真人"不仅是古代中国人的出世理想，同时也是日常生活中入世的做人道理。

　　道家的"真人"存养本性，修真得道，因此"真"引申为本性、本原，进而引申为真诚、真实，还有无数的引申义，都是从道家的"真人"这个概念而来。最有趣的是"写真"一词，"真"指人的真容，"写"是摹画，"真人"早就飞升成仙，当然只能勉强摹画，仅仅只能形容画技之高了。唐代进士赵颜有一次在画工处见到一位美貌丽人的画像，画工告诉他这位美眉叫真真，需要昼夜不停地唤她的名字一百天，就可以把她唤活，因此后人就用"真真"来比喻美女。清代词人纳兰性德的名句"为伊判作梦中人，长向画图，清夜唤真真"，只能当作传奇来看了。

《无款人物》宋代佚名绘·绢本设色·台北『故宫博物院』藏

这幅宋代人物画曾被自宋至清的帝王收藏,清高宗乾隆尤其欣赏其"画中画"式构图,曾令丁观鹏等宫廷画家仿制了五幅相似画作,并将画中文士及屏上写真都换成他自己,御题:"是一是二,不即不离。儒可墨可,何虑何思。"人在面对自己的写真时,的确容易产生"是一是二"的迷思与哲思。

此幅画中,一士人坐于榻上,执笔持卷,从容闲适。身旁陈设文玩、饮馔等物,童子在一旁斟酒。榻后屏风绘工笔花鸟,其上悬挂着士人的写真画轴。主人集文人之雅玩趣事于身边,展现出宋代文人闲适雅逸的生活意趣。宋代流行的"烧香、点茶、挂画、插花"等雅好,此画中可见一斑。

205

眼睛看的时候视线平直

直道而事人，焉往而不三黜 ——柳下惠

❶

"直"是中国传统文化中很重要的一个概念，孔子就从不同的角度论述过"直"。我们先来看看它的字形演变。

直，甲骨文字形❶，这是一个会意字，下面是一只眼睛，上面是一条直线，会意为以目视之，视线之直。金文字形❷，在甲骨文字形的基础上，左边添加了一个弧状的字符，这个"乚"（yǐn）的字符，《说文解字》解释说："乚，匿也。"段玉裁解释为"像逃亡者自藏之状也"。金文字形用三个字符来会意，徐锴解释说："乚，隐也。今十目所见是直也。"段玉裁进一步解释说："谓以十目视乚，乚者无所逃也。"小篆字形❸，"目"上面直接写成了"十"。就金文字形而言，"目"上面其实并不是"十"，而是在甲骨文字形一条直线的基础上，添加了一道短横线，用来表示视线所注目之处，因此还是应当以甲骨文和金文字形为准。徐锴和段玉裁都是从小篆字形出发，才把"目"上面的字符解释为"十"，进而有"十目视乚"的附会。楷体字形不仅"乚"不见了，而且"目"中的两横变成了三横，看不出本来的样子了。

不过，关于"直"的甲骨文和金文字形，也有学者

有不同的意见。谷衍奎的《汉字源流字典》认为甲骨文字形中，上面的那条直线是标杆，会意为用眼睛正对标杆以测端直之意。而金文中的那个弧状字符是矩尺，以突出测量之意。徐中舒先生则认为金文的弧状字符乃是甲骨文那条直线的伪变。

《说文解字》："直，正见也。"《左传·襄公七年》中有这样的定义："正直为正，正曲为直。""直"和"曲"相对，把弯曲的东西加以矫正叫"直"。由此引申出"直"最常用的义项：正直，公正，不偏私。孔子讲过很多什么是"直"的话，最有名的是："何以报德？以直报怨，以德报德。"这里的"直"指正直之道。如果别人对你有德，你要报之以德；如果别人伤害了你，你不能逆来顺受，忍辱偷生，而是要刚强不屈，采取正直之道去报复仇人。

孔子还说过："吾之于人也，谁毁谁誉？如有所誉者，其有所试矣。斯民也，三代之所以直道而行也。"意思是：我对待别人，诋毁过谁？称赞过谁？如果有我称赞过的人，一定是经过验证才称赞他的。这样的人，就是夏商周三代遵循正直之道而行的人。所谓"直道"，当然是符合孔子定义的各种德行，从柳下惠的遭遇中也可以看出这一定义。

提起柳下惠，人们都知道他是个"坐怀不乱"的好男人，"坐怀不乱"的故事太为人们所熟知了，以至于遮盖住了柳下惠其他方面的光芒。柳下惠其实不姓柳，而是姓展，叫展获，字禽，是春秋时期鲁国人。因为他的封地在"柳下",死后的谥号叫"惠",因此人们称他"柳下惠"。

柳下惠曾经在鲁国做过士师的官儿。士师是古代执掌禁令刑狱的官名。当时鲁国的朝政大权把持在权臣臧文仲手中,柳下惠的官职被臧文仲罢免了三次,有人劝柳下惠离开鲁国到别的国家去做官,柳下惠回答道:"直道而事人,焉往而不三黜?枉道而事人,何必去父母之邦?"意思是:如果一直按照正直之道、正直的理念做官,到哪个国家不会被罢免呢?如果不按照正直之道、正直的理念做官,那又何必离开父母之邦呢?这就是柳下惠"直道事人"的原则,这个原则是被孔子所赞赏的。

我们回头再看看"直"的金文字形中那个"乚"字,就可以更清楚地明白什么叫"直道",就是不隐瞒之道。正直之道无须隐瞒,因为就叫"直道"。

比

两个人亲密地并立着

君子周而不比，小人比而不周
——《论语》

❶ ❷ ❸

"比"这个字的字形非常简单，但即使是这么简单的汉字，仍然会引发争议。

比，甲骨文字形❶，这是两个面朝右的人形。甲骨文字形❷，大同小异。金文字形❸，两个站立的人形。金文字形❹，两人靠得更近。金文字形❺，两人俯身的样子栩栩如生。小篆字形❻，手臂几乎都伸到了地上，这个字形为"比"字讹变为两个"匕"打下了基础。

《说文解字》："比，密也。二人为从，反从为比。""从"的甲骨文字形是二人面朝左，"比"则相反，二人面朝右。不过因为字形相近，甲骨卜辞中每每混用，需要根据具体的卜辞来释义。谷衍奎《汉字源流字典》则认为："'从'为二立人，意在表示相跟随；'比'为二跪拜之人，盖为夫妇比肩之象，意在表示匹合之义。本义当为比并匹合。"

这个解释虽然新颖，但却与"比"的字形不符，因为"比"更像两个站立的人。张舜徽先生说："比之本义，当为二人并立。并立则近，故训密也……二人为从，谓前后相随也。比则左右相并，故曰：'反从为比。'比本为二人并立之密，因引申为凡密之称。"这种解释

更有说服力。

段玉裁解释说:"其本义谓相亲密也,余意辅也、及也、次也、校也、例也、类也、频也、择善而从之也、阿党也,皆其所引申。"其实"比"的本义就是二人并立,或者二人并肩而行,密或亲密才是引申义。《论语·为政》:"子曰:'君子周而不比,小人比而不周。'"这里的"比"指只同一部分人亲密。什么样的人只同一部分人亲密呢?小人。因此孔子说:"君子团结忠信但不结党营私,小人结党营私但不团结忠信。"过于亲密当然容易结党营私,因此"比"用作贬义,比如"朋比为奸"。《周易》中说:"君子以朋友讲习。"孔颖达解释说:"同门曰朋,同志曰友。"只要是同学就可称"朋",因此可以和"比"组词,用作贬义。

《尔雅·释地》:"南方有比翼鸟焉,不比不飞,其名谓之鹣鹣。"郭璞解释说:"似凫,青赤色,一目一翼,相得乃飞。""相得"即比翼,这是模拟"比"的字形中二人并立或并肩而行之态。今天我们最常使用的"比较"一词,"较"是车厢两旁的横木,车厢中左右倚靠着"较"的人即为"比较"之人。类似的用例都可证明"比"的本义是二人并立或二人并肩而行,并不是"夫妇比肩之象"。

至于许慎所说"比,密也",这是引申义。《诗经·良耜》中有"其比如栉"的诗句,"栉(zhì)"是梳子和篦子的总称,疏者为梳,密者为比。张舜徽先生说:"古梳篦字但作疏比,亦以其齿之疏密得名。"

《阿藤访键屋阿仙》（键屋を訪れたお藤に茶を出すお仙）
铃木春信绘 · 约1769—1770年

这幅画上两个女子的关系有些微妙。她们是"明和三美人"中的两位，分别是笠森稻荷门前的茶屋"键屋"的阿仙（右），和浅草奥山的杨枝屋（杨枝即牙刷）"柳屋"的阿藤（左）。阿藤来茶屋拜访阿仙，阿仙为其端上一盏茶。两个如花少女婷婷相对，很难不让人产生比较之心。

"明和三美人"是明和年间（1764—1771）江户城最具人气的美女，除阿仙与阿藤外，还有莺屋阿芳。阿仙与阿藤遇到一起，不免引发"瑜亮之争"。当时好事者甚至写了"阿仙阿藤优劣辨"来比较两大美人的高低，结论是阿仙获胜，作者赞美她"一顾人驻足，再顾身瘫软"。据说铃木春信也是偏爱阿仙的，绘制了大量以阿仙为主角的作品，令阿仙的人气达到鼎盛。

犯人受审时的辩词

大箫谓之言，小者谓之筊 ——《尔雅》

言者，说话也，尽人皆知。但是"言"为什么会当作说话讲？相信很多人都不清楚。而且，有时候越简单的汉字争议越大，"言"就是一个典型的例子。那么，围绕着这个字，都有哪些有趣的争议呢？

言，甲骨文字形❶，这是一个会意字，下面是个口，这一点历来都没有争议，有争议的就是上面的字符。这个字符到底代表什么呢？

第一种说法以郭沫若为代表。他认为上面的三角形加一竖类似于"丫"形，"即箫管也，从口以吹之"，"以口吹箫，舌弄之而成音也"，"言之本为乐器，此由字形已可充分断定，其转化为言说之言者，盖引伸之义也"。他最重要的例证出自《尔雅·释乐》："大箫谓之言，小者谓之筊。"因此认为大箫即"言"之本义。

这种说法有两点疑问：一、考诸甲骨文字形，上面的字符都以"辛"为主，与箫管的"丫"形相去甚远；二、《尔雅·释乐》将大箫、小箫对举，如果"言"的本义是大箫，那么"筊（jiǎo）"的本义也应该是小箫，但其实"筊"的本义却是竹皮所制的绳索，用来牵拉

❸ ❹ ❺

放置土石，因此"言"应该是对大箫乐声的形容，正如东汉李巡所说"大箫，声大者言言也"。

第二种说法以徐中舒先生为代表。他从文化人类学的角度出发，解释说："甲骨文告、舌、言均像仰置之铃，下像铃身，上像铃舌，本以突出铃舌会意为舌，古代酋人讲话之先，必摇动木铎以聚众，然后将铎倒置始发言，故告、舌、言实同出一源，卜辞中每多通用，后渐分化，各专一义。"但是"言"甲骨文字形上面的"辛"字符，实在和"告""舌"上面的字符相差甚远，完全看不出铃舌的形状。

第三种说法出自白川静先生。他认为上面的"辛"字符"乃带大把手的刺墨用针，属于一种刑具"，下面的口形是"置有向神祷告的祷辞的祝咒之器"，因此"言"的甲骨文字形"表示向神灵起誓发愿：祷告中若含不诚不信，将甘受黥刑之罚"。因此"言"的本义是向神立下的誓言。

第四种说法出自林义光，他说："言本义当为狱辞，引申为凡言之称，与辞字同意。从辛，辛，罪人也。"这短短的几句话极富启发性。"辛"本是装在木柄上的刀具，用来给罪犯额上刺墨，因此引申为罪人。从辛从口，乃是指罪人受审时的辩辞，即"狱辞"。林义光说"与辞字同意"，《说文解字》："辞，讼也。"正是受审时分争辩讼之辞。

言，甲骨文字形❷，金文字形❸和❹，小篆字形❺，都大同小异。楷书字形则完全失去了"辛"的模样。

《说文解字》:"言,直言曰言,论难曰语。"张舜徽先生解释说:"所谓直言者,但申己意,不待辩论也。论难者,理有不明必须讨论辨难而后解也。""直言曰言","但申己意,不待辩论",正是"言本义当为狱辞",罪人单方面陈述的形象写照。

养

手举着鞭子牧羊

> 厮役扈养，死者数百人 ——《春秋公羊传》

❶

❷

"养"的繁体字是"養"，一眼就可看出，这是一个从食羊声的形声字。不过，这个字最初造出来的时候却不是这个样子。

养，甲骨文字形❶，左边是一个羊头，代指羊，右边是一只手举着一根鞭子或短棍，整个字形会意为牧羊。金文字形❷和古文字形❸，都大同小异。

关于这个字形的演变，徐中舒先生在《甲骨文字典》中总结说："从攴从羊。甲骨文殳、攴每可通，从羊从牛亦每无别，故此字或亦释牧、释羖……盖畜养之行为曰牧，畜养之羊可名为羖，引申之为供养之养。故牧、羖、养应为同源之字。""攴（pū）"指轻轻地击打，"殳"指竹制或木制的兵器，因此二者可通；"羖（gǔ）"指公羊。

养，小篆字形❹，变成了上"羊"下"食"的形声字，字义也从执鞭牧羊变成了喂养羊群。《说文解字》："养，供养也。从食羊声。"《庄子·达生》篇中写道："善养生者，若牧羊然，视其后者而鞭之。"简直就是"养"字的形象解说，因此引申用于人的供养。

《春秋公羊传·宣公十二年》记楚庄王伐郑，郑襄

❸ ❹

公投降后,楚庄王下令退避七里,将军子重进谏说:"南郢之与郑相去数千里,诸大夫死者数人,厮役扈养,死者数百人,今君胜郑而不有,无乃失民臣之力乎?"意思是说:我们楚国的都城南郢与郑国相距数千里,这次征伐,大夫已经战死数人,"厮役扈养"的士卒也死了数百人,如今国君您战胜了郑国却不占领它,岂不是浪费民众和诸位臣子的精力吗?

何休注解说:"艾草为防者曰厮,汲水浆者曰役,养马者曰扈,炊烹者曰养。"砍柴割草作为防御的人称"厮",打水的人称"役",养马的人称"扈",烧火做饭的人称"养"。这些都是军队中操贱役的奴隶。显然,"养"已经由给羊喂草引申指养活人。

需要注意的是,在古代中国,"养老"或称"养老礼"是一项国家规定的必须遵守的礼制。据《礼记·王制》所载,"养老"之礼起源极早:"凡养老:有虞氏以燕礼,夏后氏以飨礼,殷人以食礼,周人修而兼用之。五十养于乡,六十养于国,七十养于学,达于诸侯。"

有虞氏指"五帝"之一的虞舜,"燕"通"宴",所谓"燕礼"就是招待老人吃肉饮酒之礼;夏后氏指夏代的开国君主夏禹,也可以指夏朝,"飨(xiǎng)"指设酒食盛宴,所谓"飨礼",不是以大吃大喝为目的,而是敬老之礼;殷商时期的"食礼",有酒有肉,但不饮酒,只以饭食为主;周代则兼而用之。

"五十养于乡",孔颖达注解说:"五十始衰,故养于乡学。""六十养于国",孔颖达注解说:"六十渐衰,养礼弥厚,故养之于小学,小学在国中也。""七十养于学",孔颖达注解说:"七十大衰,养礼转重,故养于大学。""达于诸侯",孔颖达注解说:"言此养老之事,非惟天子之法,乃通达于诸侯。"

综上所述,"养老"本为国家层面赡养老人的行为,时至今日,却成为个人或子女赡养老人的行为,古今养老制度之变迁,可发一叹。

讳

两人相背而行，避免说话

> 虞而立尸，有几筵，卒哭而讳
> ——《礼记》

避讳是人类原始文明中出现的一个共同现象，不过像古代中国这样一直延续两千多年，贯穿整个帝制时代则绝无仅有。我们先来看看"讳"这个字是怎么造出来的，再来讲解避讳的几个基本原则。

"讳"的繁体字写作"諱"，金文字形 ❶，右边其实就是"韋（韦）"，相背之意。古人是怎样表达相背这个义项的呢？右边这个"韋"，上下是两只朝向两个不同方向的脚，中间的圆圈表示城邑，会意为两个人围绕城邑，向着两个不同的方向背道而驰，这不就是相背的含义吗？左下角是"言"，说话。整个字形则会意为：因为有某方面的顾忌，故意相背而行，避免说某些话。

讳，金文字形 ❷，定型为左右结构，同时规整化，为小篆字形打下了基础。小篆字形 ❸，左"言"右"韋"，跟我们今天使用的字形一模一样。

《说文解字》："讳，誋也。从言，韦声。"张舜徽先生在《说文解字约注》一书中进一步解释说："古人凡有所避而不出诸口者，皆谓之讳。"也就是说，"讳"指的仅仅是言语避讳，这一避讳有一个总的原则，即《春秋公羊传·闵公元年》所载："《春秋》为尊者讳，为

亲者讳，为贤者讳。"

所谓"为尊者讳"，即"国讳"，规避国君的名讳；所谓"为亲者讳"，即"家讳"，规避祖先和父母的名讳；所谓"为贤者讳"，即"圣讳"，规避像孔子这样圣贤的名讳。

避讳始于周代，周代之前不存在避讳一说，这也就是甲骨文中还没有发现"讳"字的原因。《左传·桓公六年》载："周人以讳事神。"孔颖达注解说："自殷以往，未有讳法。讳始于周，周人尊神之故，为之讳名，以此讳法，敬事明神，故言周人以讳事神。"说得很明白，乃是因为周人尊神的缘故。

《礼记·檀弓下》篇中有这样的规定："虞而立尸，有几筵，卒哭而讳，生事毕而鬼事始已。"这是指的父母葬后的仪式。"虞"即"虞祭"，下葬后举行的安顿父母灵魂的祭祀；"尸"指父母的神主；"卒哭"之"卒"指终止，自父母死日起，一感到悲痛就要哭，不分昼夜，到了一定的期限就终止这种随时的哭泣，改为朝夕哭，今天的"断七"就是"卒哭"之祭的遗制。

这段话的意思是说：父母去世后，要举行虞祭以安顿死者的灵魂，竖立死者的神主，摆放几筵供奉祭品，举行完"卒哭"之祭后就要开始规避死者的名讳，从此就要把死者当成鬼神来看待了。

至于避讳的具体方式，有所谓改字法、缺笔法和空字法等种种，众所周知，此不赘述。

老

❶ ❷

长发飘飘、弯腰驼背、手持拐杖行走的老人

凡事要好，须问三老 ——《增广贤文》

从明代开始编撰并不断增补的蒙学读物《增广贤文》一书中记录了一则谚语："凡事要好，须问三老。"很多人不明白这句谚语的意思，原因在于不懂得古时的"三老"制度。我们先从"老"这个有趣的字讲起。

老，甲骨文字形 ❶，这是一个象形字，像一位老人的样子：最上面是老人的长发，往下是老人的面部，面部中间的一点代表眼睛，下部是老人驼背之形，左边和手相连的一竖代表拐杖。整个字形就是一位长发飘飘、弯腰驼背、手持拐杖行走的老人的模样。甲骨文字形 ❷，驼背和手持拐杖的样子更明显。甲骨文字形 ❸，老人转了个方向，面朝左。金文字形 ❹，上面的长发扎了起来，成了一个发髻，下面还是驼背之形，但是左下角的拐杖变形得很厉害，看起来就像一个"匕"字，这就为小篆字形 ❺ 正式讹变为"匕"打下了基础。

《说文解字》："老，考也。七十曰老。从人毛匕，言须发变白也。"这是就小篆字形所作的解释，其实并不从"匕"。"考"和"老"是同源字，都是年老之意，因此许慎用来互训。

古人称六十岁以上为老人，有所谓上寿、中寿、下

❸ ❹ ❺

寿之分,上寿和中寿自不必说,连下寿都以六十岁为底线。六十岁以上还有详细的区分:六十曰耆(qí),七十曰老,八十、九十都叫耄(mào),八十曰耋(dié),九十曰鲐(gǒu)。

周代时,乡、县、郡先后设置了"三老"这一职位,职责是掌教化。"三老"不是三位老人,而是一位老人,每个乡设一位"三老",各乡中再选拔出来一人,担任县里的"三老",县令、县丞、县尉有了什么疑难问题都要向他请教。后来又完善为"三老五更"制度:三老和五更各由一人担任,是周天子亲自从年老的退休官员中选拔出来的,天子以对待父亲的礼节尊三老,以对待兄长的礼节尊五更,这是给天下人作孝悌的榜样。《礼记·乐记》:"食三老五更于大学。"历朝历代都把三老和五更养在太学里。

三老和五更各自都是一位老人,为什么分别叫三老、五更呢?有两种不同的说法,而且有趣的是,这两种说法都出自郑玄一人之口。在为《礼记·文王世子》作的注中,郑玄说之所以以"三"和"五"来命名,是"取象三辰五星,天所因以照明天下者"。三辰指日、月、星,五星指金、木、水、火、土五大行星,三老取三辰之义,五更取五星之义,象征着三老和五更的德行可以照耀天下,作天下人的楷模。不过在为《礼记·乐记》作的注中,郑玄又推翻了自己这个说法:"三老五更,互言之耳,皆老人更知三德五事者也。"三德指正直、刚、柔三种德行,五事指貌、言、视、听、思五种体态,三老取三德之义,五更取五事之义,意思是三老和五更完美地实践了三种德行，同时也向世人作出示范，什么样的体态和身体语言才是君子应该正确遵循的。

按照周礼，天子向三老五更表示敬意时，不仅要向三老和五更行跪拜之礼，而且还要亲自执行一系列的礼仪，这些礼仪的先后顺序是：拿着刀，袒露右臂，割肉，把肉放进竹制和木制的礼器里，呈献给三老和五更，然后回头去拿酒具，斟满酒，再呈献给三老和五更。到了宋代，这一系列礼节大大简化，元明清时期干脆废弃不用了。

《香山九老图》(局部)
(传)南宋马兴祖绘,绢本设色长卷,美国弗利尔美术馆藏

马兴祖,河中(今山西永济)人,南宋绍兴(1131—1162)间画院待诏。工花鸟、人物、山水、杂画,善鉴别。

这幅长卷描绘的是"香山九老"聚会宴游的情景。唐武宗时,大诗人白居易晚年在故里香山(今河南洛阳龙门山以东)与胡杲、吉皎、郑据、刘真、卢慎、张浑、狄兼谟、卢贞八位耆老,志趣相投,忘情山水,组为"九老会"。唐武宗会昌五年(845)三月二十四日,九老在白居易之居处宴集,既醉且欢之际赋诗绘画,有仰慕者绘成《香山九老图》,传为美谈,后多有效仿。南宋时期,此题材在画院中也非常兴盛。

这段画面上,醉后满头插花而舞的据说正是主人白居易。此时白居易74岁,在古人中算得高龄。

长老在屋子里面持炬驱鬼

叟，长老之称，犹父也 ——赵岐

❶

《孟子·梁惠王上》一开篇就写道："孟子见梁惠王，王曰：'叟，不远千里而来，亦将有以利吾国乎？'"东汉学者赵岐注解说："叟，长老之称，犹父也。孟子去齐，老而之魏，王尊礼之。"今天使用的"叟"同样还是这个义项，指老年人，比如老叟、童叟无欺，但作为尊称的含义却淡薄了。

不过，仅仅从字形上来看，哪里能够看出来尊称老年人之意呢？原来，这个字的本字写作"叜"，是一个非常有趣的汉字，反映了古人日常生活中一项极为重要的习俗。

叜，甲骨文字形❶，上面是屋顶，中间是火把，下面是一只手。甲骨文字形❷，大同小异。朱骏声解释说："从又持火，屋下索物也。"张舜徽先生在《说文解字约注》一书中进一步解释说："古者陶复陶穴，所居甚暗。老人目力昏眊，非持炬不能入内，此叜字所以从又持炬也。叜为尊老之称，实自此起。"

叜，小篆字形❸，仍然是同样的结构，但许慎却错误地认为"从又从灾"，完全无法解释字义。《说文解字》："叜，老也。"这并不是"叜"的本义。

至于隶书的"叟"，上面显然是双手持炬的讹变。

❷ ❸

这就是所谓"隶变",汉字由小篆一转而变为彻底笔画化的隶书,同时也标志着象形的古汉字演变为现代汉字的起点。"叟"就此取代了"叜",当"叟"用于对老年人的尊称之后,古人于是就给它添加了一个提手旁,用"搜"来表示搜寻、搜索之意。

不过,是否真的如同张舜徽先生所说,由视力不好的老人持炬入屋而引申为尊老之称的呢?事实恐怕并非如此。据《周礼》记载,周代有负责驱鬼的"方相氏"一职,职责是:"掌蒙熊皮,黄金四目,玄衣朱裳,执戈扬盾,帅百隶而时难,以索室驱疫。"

"难"通"傩(nuó)",驱逐疫鬼的仪式。这里描述的是方相氏举行四时之傩的装束。郑玄注解说:"索,廋也。""廋"即"搜"。"索室驱疫"就是方相氏率领百隶持兵器、持炬在宫室中驱鬼的形象写照,因此"搜"还有一个从鬼的通假字"蒐"。

白川静先生在《常用字解》一书中有类似的解说:"'叜'义示在祭祖的庙宇('宀')举行祭祀仪式时,手('又')持'火'。氏族的长老持火指挥祭祀,因此'叜'有长老、老者之义,后来,此字演变为'叟'。"

"索室驱疫"也属于祭祀仪式之一种,负指挥之责的方相氏的地位也类同于氏族的长老,因此,这个或者持炬寻物或者持炬驱鬼或者持炬祭祀的"叜(叟)"字即引申为尊老之称,白川静先生的解说是很有说服力的。

孩子扶着长发老人行走

子爱利亲谓之孝，反孝为孽。
——贾谊

❶　　　❷

《孝经》开宗明义章第一："身体发肤，受之父母，不敢毁伤，孝之始也；立身行道，扬名于后世，以显父母，孝之终也。夫孝，始于事亲，忠于事君，终于立身。"

孝，甲骨文字形❶，这是一个非常有趣的会意字，上面是一位长头发的老人，下面是"子"，字形就像一个孩子拉着老人行走。金文字形❷，比较复杂，一位长头发的老人，怀里抱着一个孩子，老人用手抚摸着孩子。金文字形❸，含义更加显豁：上面一位长头发的老人用手按着下面小孩子的头，小孩子用头扶持着老人行走。金文字形❹，老人长发飘飘的样子更加形象。小篆字形❺，跟金文差不多，不过老人的手不见了。

《说文解字》："孝，善事父母者。"可见"孝"的本意就是孝顺父母。贾谊则解释说："亲爱利子谓之慈，反慈为嚚；子爱利亲谓之孝，反孝为孽。""嚚（yín）"是暴虐愚顽。双亲对子女不慈谓之"嚚"，子女对双亲不孝谓之"孽"。

"孝"是儒家伦理思想的核心概念，孝道因此成为中国两大基本道德准则之一，另一个基本道德准则是"忠"。数千年来，人们把忠和孝视作天性，甚至当作

❸

❹

❺

区分人类和禽兽的标志。但是自五四运动以来,随着对传统文化的全面批判,中国人开始对传统的孝道产生怀疑,将孝道视作封建礼教大加挞伐。但是在儒家学说中,是否真的要求必须一切听从父母呢?我们来看看孔子是怎样教育弟子"孝道"的。

曾点和曾参都是孔子的弟子,曾点是父亲,曾参是儿子。有一次,曾点支使儿子去给瓜苗培土,曾参干活的时候不小心锄断了瓜苗的根,曾点很愤怒,像所有脾气暴躁的父亲一样,拿着一根大杖子劈头盖脸揍了曾参一顿,把儿子打得躺在地上昏迷了过去。曾参苏醒过来的第一件事就是赶紧跑到父亲面前,问候父亲道:"刚才儿子做了错事,惹您生气了,您费这么大力气揍了我一顿,我是罪有应得,您没事吧?"

问候完父亲,曾参忍着身上的剧痛,装作若无其事的样子走进书房,操起一把琴就弹了起来,故意使声音很大,让父亲远远地就能够听见。这番做派的意思是生怕父亲气消了之后,转而开始担心把儿子打坏了,心里担忧。

没想到马上就有人把这起事件报告给了孔子。孔子听了大怒,对弟子们说:"曾参如果来听课,不要放他进门!"曾参听说老师竟然怪罪自己,心里很不服气,就托人向老师要一个说法。孔子对来人说:"回去转告曾参:难道你没有学习过舜和父亲的故事吗?当年舜的父亲生气的时候,如果用短木棍教训舜,舜就老老实实地挨打:可是如果用大杖子教训舜,舜立马就逃得远远的。你曾参可好，明明知道父亲暴怒之下没轻没重，你还不逃走，硬生生地挨父亲的大杖子，如果你被打死了，那不是陷你父亲于不义吗？还有比这更大的不孝吗？你父亲难道不是天子的子民吗？设想一下如果你父亲杀了人，该是多大的重罪？你死了两腿一蹬，可你父亲还得承担杀人的后果呢！"曾参一听出了一身冷汗，赶紧登门向老师谢罪。

这个故事记载在《孔子家语》中。在常人的印象中，身为至圣先师的孔子是一副仪态庄严的刻板形象，可是看看他怎样向弟子解释什么是"孝道"的，他竟然要求儿子在父亲暴怒的时候赶紧逃跑！可见孔子所提倡的孝道跟后世无条件服从父母的孝道完全不一样啊！

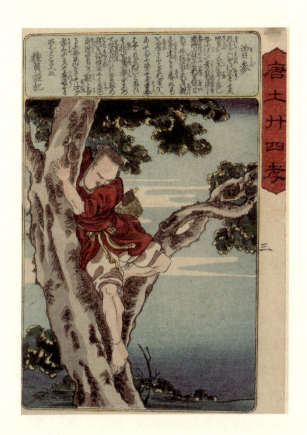

《唐土廿四孝 曾参》
歌川国芳绘·1848年

《唐土廿四孝》是一组系列版画，绘制了由中国传入日本的"二十四孝"故事。最初是元代郭居敬辑录古代24个孝子的故事编辑而成，后世版本多配以图画，以《二十四孝图》流传民间，影响甚广。传入日本后，这个题材也受到日本画家喜爱，还创作了"本朝版""见立版"等衍生的二十四孝作品。

歌川国芳绘制的这组《唐土廿四孝》大致忠于中国的原版故事，画风则浓艳鲜明，充分体现了"武者之国芳"的个性。

这幅描绘的是曾参"啮指痛心"的故事。曾参事母至孝，有一次采薪山中，家有客至，曾母无措，望参不还，乃啮其指。参忽心痛，负薪以归，跪问其故。母曰："有急客至，吾啮指以悟汝尔。"母子连心，一至于斯。曾参在孔门弟子中的地位原本不太高，直到颜渊配享孔庙后才升为"十哲"之一，中唐以后，随着孟子地位的上升，曾参的地位也随之步步高升，到明世宗时已仅次于"复圣"颜渊。

乐

放在木架上，用丝线装饰的乐器

独乐乐，与人乐乐，孰乐
——《孟子》

❶

❷

　　孟子问齐宣王的这句话是："独乐乐，与人乐乐，孰乐？"头两个"乐乐"读作"yuè lè"，最后一个"乐"读作"lè"。这句话的意思是：一个人欣赏音乐快乐，和别人一起欣赏音乐快乐，哪种更快乐？这句问话牵涉了"乐"字的两种读音。

　　除了楷书简体字"乐"之外，"樂"的任何一种字形都是非常美丽的样子。甲骨文字形❶，关于这个字形，诸学者有不同的见解。虽然大家都同意这是一个象形字，但是具体像的是什么东西的形状，则说法不一。罗振玉认为"从丝附木上，琴瑟之象也"，是一把琴的样子。金文字形❷和❸，中间增加了一个"白"字形状的东西，罗振玉认为是"调弦之器"，弹奏琴弦的拨子。小篆字形❹，许慎认为"像鼓鼙"，鼓是大鼓，鼙（pí）是小鼓。我国古代的乐器有许许多多，为什么偏偏要用"鼓鼙"来代表"乐"呢？段玉裁解释道："鼓者春分之音，易曰：雷出地奋豫，先王以作乐崇德，是其意也。"古人认为鼓声是模仿春分时节的雷声，雷声激荡，先王因此制作音乐以推崇德行。"樂"下半部分的"木"，许慎认为是放置鼓的架子。楷书繁体字形❺，同于以上

❸ ❹ ❺

字形。简化后的简体字，光从字形来看，完全不知所云。

关于"樂"字的字形，白川静先生认为这个字像带手柄的摇铃的形状，中间的"白"字是铃铛，左右的"幺"是丝线编制的穗状饰物，这个摇铃的功能是歌舞时摇动铃铛，愉悦神灵，或者女巫摇动铃铛，以驱除病魔。

《说文解字》："乐，五声八音之总名。""五声"即宫、商、角（jué）、徵（zhǐ）、羽，"八音"指金、石、丝、竹、匏（páo）、土、革、木制成的乐器发出的乐音。不过许慎的解释不太准确，"五声八音之总名"显然是"乐"的引申义，本义应该是乐器，不管是鼓磬还是琴瑟，还是铃铛，据甲骨文和金文字形所示，它毫无疑问是一种乐器。

制乐的始祖，据说是黄帝时的乐官伶伦，《吕氏春秋》："昔黄帝令伶伦作为律。"这是关于伶伦作乐的最早记载。其后历代皆有乐官。古人为音乐赋予了许多道德含义，即所谓"移风易俗，莫善于乐"，比如《周礼》规定有六种"乐德"："以乐德教国子：中、和、祗（zhī）、庸、孝、友。"郑玄解释道："中，犹忠也；和，刚柔适也；祗，敬；庸，有常也；善父母曰孝；善兄弟曰友。"

音乐悦耳，人听着音乐会感觉快乐，因此引申出快乐、喜悦等意思。当作"喜欢"讲时，"乐"应该读作"yào"，这就是"乐"字的第三种读音。子曰："知者乐水，仁者乐山；知者动，仁者静；知者乐，仁者寿。"意思是：智者喜欢水，仁者喜欢山；智者动，仁者静；智者快乐，仁者长寿。

孟

为刚出生的婴儿洗澡

彼美孟姜，洵美且都
——《诗经》

❶

❷

孟姜女哭长城，人们想当然地以为孟姜女就姓孟，还附会出她是孟、姜两家联姻所生的女儿。这都是不了解"孟"这个字到底是什么意思所导致的误解。

孟，金文字形❶，这是一个会意字，下面是洗浴用的器皿，器皿里面盛着一个刚出生的婴儿，即汉字的"子"。金文字形❷，下面是高脚的洗浴盆。金文字形❸，下面是扁而平的洗浴盆。小篆字形❹，紧承金文字形而来，没有任何变化。

《说文解字》："孟，长也，从子皿声。"许慎所释为引申义，本义是为刚出生的婴儿洗澡。古人造字，一定是从身边的生活习俗中取材，即许慎所说"近取诸身，远取诸物"，那么第一次给刚出生的婴儿洗澡，这个婴儿一定是头生子，"孟"因此引申为"长"，排行第一。古人为兄弟姊妹排行，就是按照孟、仲、叔、季的顺序。不过还有一种说法：嫡长曰伯，庶长曰孟。正妻所生的嫡长子称"伯"，妾、媵等所生的庶长子称"孟"。因此孟、仲、叔、季也可排为伯、仲、叔、季。

《诗经·有女同车》是一首情诗，情郎吟咏道："有女同车，颜如舜华。将翱将翔，佩玉琼琚。彼美孟姜，

❸

❹

洵美且都。有女同行，颜如舜英。将翱将翔，佩玉将将。彼美孟姜，德音不忘。"诗意甚为浅明。其中"孟姜"的称谓，《毛传》曰："孟姜，齐之长女。"齐国是太公望的封国，太公望本姓姜，因此齐国的国姓即为"姜"，孟姜即齐国国君的长女。这就是后来"孟姜女"名字的出处，并非姓孟。

《广雅》："孟，始也。""孟"由长、排行第一引申为"始"，四季中每个季节的第一个月就称"孟"，即孟春、孟夏、孟秋、孟冬。

至于孟姓的由来，跟"孟"字的本义也大有关系。鲁桓公有四子，嫡长子继承国君之位，是为鲁庄公；庶长子庆父；庶次子叔牙；嫡次子季友。除了鲁庄公之外，其余三子的后代就是严格按照孟（伯）、仲、叔、季的顺序排行的，分别为：仲孙氏，叔孙氏，季孙氏。这三大家族后来一直把持着鲁国的朝政，因为都是鲁桓公的后代，史称"三桓"。

有个成语典故叫"庆父不死，鲁难未已"，是说庆父屡屡在鲁国国内制造内乱，并谋杀了鲁闵公。宋代学者郑樵在《通志·氏族略》中说："庆父曰共仲，本仲氏，亦曰仲孙氏。为闵公之故，讳弑君之罪，更为孟氏，亦曰孟孙氏。"将排行第二的"仲氏"改为排行第一的"孟氏"，掩盖的是鲁桓公四子的排行，突出的是庆父庶长子的排行，这是庆父的后代为尊者讳，试图淡化谋杀鲁闵公之罪。孟姓即由孟孙氏而来。

长

长发持杖的长者

世为长侯，守殷常祀 ——《吕氏春秋》

❶

❷

"长"是今天使用频率非常高的汉字之一，最为常用的义项乃是长短之"长（cháng）"；不过，这并非刚刚造出这个字时的本义，而且读音也不相同。

"长"的繁体字是"長"，甲骨文字形❶，下面是一个稍微屈身的人，左下角的一竖表示手杖，这个人伸出手去抓住手杖；上面是长长的头发的形状，头发下面的一横表示用簪子将头发束起来。

张舜徽先生在《说文解字约注》一书中解释说："像人披发绵长之形。发在人毛中为最长，古人造字近取诸身，因即以为长短之长耳……人之年岁较大者，其身必视稚幼为高，故又用为长幼之称矣。"

这一解说不确。因为在这个字形中，长长的头发固然是极其鲜明的意象，但同时屈身持杖之人的形状也极为显豁。在古代中国，杖可不是随便什么年龄的人都可以使用的，只有老年人才有持杖而行的特权。《礼记·曲礼上》篇中规定："大夫七十而致事。若不得谢，则必赐之几杖，行役以妇人。"大夫七十岁的时候要主动向国君提出退休的申请，如果没有得到批准，国君就要赐给他可以倚靠着休息的几和手杖。

❸

❹

《礼记·王制》中还有更具体的规定:"五十杖于家,六十杖于乡,七十杖于国,八十杖于朝。"古时极重养老之礼,因此男人到了五十岁才可以在家中使用手杖,到了六十岁才可以在乡里使用手杖,到了七十和八十岁才可以在朝堂之上使用手杖。

因此,这个字形中屈身持杖之人必为德高望重的老人。

至于长长的头发为何也是造字的重要字符,这是因为古代中国人不剪发,发皆上挽,同时也是区别于披发之夷狄的重要特征。年愈老而发愈长,故以之为构字要件。我本来很怀疑上面这部分很像殷代贵族所戴的章甫冠,因为出土的殷人高冠有高达二十六厘米者,更能显出身份之尊贵,但考虑到要在甲骨上契刻出栩栩如生的高冠实乃极难之事,也没必要,因此还是将之视为长长的头发之形更为恰当。

综上,"长"的本义当为长发持杖的长者,读音为 zhǎng。《吕氏春秋·季冬纪》载:周武王登基后,与殷商遗民微子启盟誓,曰:"世为长侯,守殷常祀,相奉桑林,宜私孟诸。"意思是说:让你世世代代做诸侯之长,奉守殷商的各种固定的祭祀,允许你供奉《桑林》的祭祀之乐,把孟诸作为你的私邑。这里的"长"就是用的本义,指首领、尊长。

长,金文字形❷,下面的手杖没有画出,而是添加了老人佝偻的腰身。金文字形❸,下部屈身持杖的样子变形得很厉害,为小篆字形的讹变埋下了伏笔。小篆字形❹,《说文解字》把这个字形释义为:"长,久远也。从兀，从匕。兀者，高远意也；久则变化。"许慎根据小篆字形认为上面是表示高远的"兀"，下面则是表示变化的"匕（化）"，老人的头发久而色变，因此会意为久远之意。这一释义很显然是错误的。

《彩绘帝鉴图说》（Recueil Historique des Principaux Traits de la Vie des Empereurs Chinois）之"临雍拜老"
约18世纪，法国国家图书馆藏

"临雍拜老"的故事出自东汉。汉明帝初登极时，幸辟雍，行古养老之礼。"辟雍"原是周代为贵族子弟设立的大学，汉代指京师的太学。古来养老，有"三老五更"名色。三公之老者为"三老"，卿大夫之老者为"五更"。明帝举行古礼，以其贤臣李躬为三老，以其师傅桓荣为五更。行礼既毕，进入堂上，明帝亲自讲解经义，诸儒执经问难于前。冠带缙绅之人，罗列桥门观礼听讲者上万人，可谓一时盛事。

画中正在行礼的两位退休长者并未扶杖，也许童子或仆从替他们捧杖侍立于画面之外吧。

寡

一个人在屋子里面愁眉苦脸

> 凡无妻无夫通谓之寡 ——《小尔雅》

甲骨文中还没有发现"寡"字。金文字形❶，看起来就让人感觉不舒服。上面是屋顶，下面是一个人，这位有头有脚的人模样十分奇特，不知道在屋子里面干什么。林义光在《文源》一书中认为"像人在屋下……颠沛见于颜面之形"，意思是颠沛流离，受尽磨难和挫折之后，脸上的表情显得很苦，在屋子里面自怨自艾。

张舜徽先生则在《说文解字约注》一书中认为这个人的头顶"像头骨隆起形"，是将头部的肉剔净之后，"空留头骨在屋下也"；而夫妻一体，如果将之分离，就像肉和骨分离一样，因此用这个字形来表示或者无妻或者无夫的寡居状态。如此说来，"寡"的这个字形很像一个因为某种原因受刑之人。

白川静先生在《常用字解》一书中的解释更为奇特，他认为上面的屋顶"形示祭祖之庙舍"，而"'寡'乃葬礼时头缠白布、戴孝之人的侧视图，此人在庙宇中仰望在天神灵，噫嘻不止"。这个女人死了丈夫，因此戴孝，那么"寡"就指未亡人、寡妇。

后两位学者的解释都过于奇特。细看这个字形，倒真的如同林义光所说，像极了一个愁眉苦脸的人，一个

❷  ❸

人在屋子里面愁眉苦脸,会意为失去伴侣后的寡居状态。

寡,金文字形❷,这个人头发竖起,睁着一只大眼睛,东张西望,左顾右盼,却四顾彷徨,就像夜晚失眠一样,或者缅怀逝去的伴侣,或者盼望赶紧有一位伴侣来到自己身边。小篆字形❸,虽然有所变形,但中间的"页"仍然是头部的象形,弯腰屈膝的这个人的两旁还添加了两撇,似乎是流泪的样子。

《说文解字》:"寡,少也。"这并非"寡"的本义,只不过是由寡居引申而来的义项。

《礼记·王制》载:"老而无夫者谓之寡。"刘熙所著《释名·释亲属》也说:"无夫曰寡。寡,踝也,踝踝,单独之言也。""踝"通"裸",单独的意思。汉代字书《小尔雅》的释义则有不同:"凡无妻无夫通谓之寡。"可见"寡"并非单指寡妇,而是无妻无夫都可称"寡"。

《礼记·曲礼下》篇中规定:"诸侯……与民言,自称曰'寡人'。"孔颖达注解说:"寡人者,言己是寡德之人。"想一想"寡"的字形中那位愁眉苦脸、睁眼失眠的人的样子,就可以理解国君自称"寡"乃是一个谦辞,将自己贬低到极其低下的"寡德"的位置,可以视之为对百姓的安抚。

有趣的是,晋代人率直任诞,潇洒倜傥,视礼法如无物,竟然上下通称"寡人"!《世说新语·文学》中记载了一则趣事:"裴散骑娶王太尉女,婚后三日,诸婿大会,当时名士、王、裴子弟悉集。郭子玄在坐,挑与裴谈。

子玄才甚丰赡，始数交，未快；郭陈张甚盛，裴徐理前语，理致甚微，四坐咨嗟称快。王亦以为奇，谓诸人曰：'君辈勿为尔，将受困寡人女婿。'"

裴遐时任散骑郎，故称"裴散骑"；王衍时任太尉，故称"王太尉"。裴遐是王衍的女婿。著名玄学家郭象字子玄，才识渊博，铺陈玄学的义理极其充分，他在这次名士云集的大会上专门挑中了裴遐来辩论。没想到裴遐虽然语速缓慢，但是"理致甚微"，对义理和情致的阐发都极其精微，结果举座称叹。连王衍都称奇不已，对大家说："你们不要再辩论了，否则就要被'寡人'的女婿给困住了！"

王衍以太尉之职而竟然自称"寡人"，这大概就是惹后人艳羡、独步中国史的魏晋风度吧！

母

两手交叉，用乳房哺育子女

哀哀父母，生我劬劳 ——《诗经》

❶ ❷

　　天下最伟大的人莫过于母亲了。母，甲骨文字形❶，这是一个象形字，像一个面朝左跪着的人形，两手交叉，胸前的两点代表乳房。《仓颉篇》："母其中有两点，像人乳形。"金文字形❷，突出的是胸前的乳房。金文字形❸，上面的一横是女人头上戴的簪子。小篆字形❹，人形面朝右，胸前的两点变成了一对下垂的乳房。

　　《说文解字》："母，牧也。从女，像杯子形。一曰像乳子也。"古人喜欢用两个韵母相同的字来释义，这叫叠韵，因此许慎说"母，牧也"，借用"牧"字表示养育子女。其他还有类似的释义："母，冒也，含生己也。""母，慕也，婴儿所慕也。"《诗经·蓼莪》中有一段非常感人的描写："父兮生我，母兮鞠我。拊我畜我，长我育我。顾我复我，出入腹我。欲报之德，昊天罔极。"鞠（jū）是养育之意，"母兮鞠我"，跟"母"字最初造字的字形是多么贴切啊！

　　今天有"母难日"这个说法，人们大都以为这是西方或日本的舶来词，其实不然，我国元代就已经有了这个词。元代诗人白珽在《湛渊静语》一书中写道："近刘极斋宏济，蜀人，遇诞日，必斋沐焚香端坐，曰：'父

忧母难之日也。'"清代学者俞樾也说："今人于生日曰'母难日',不知有父忧母难。"刘宏济把自己的生日叫作"父忧母难之日",恰好符合《佛说孝子经》所云："亲之生子,怀之十月,身为重病,临生之日,母危父怖,其情难言。"

　　鲜为人知的是,在唐代之前,古代中国人是从来不过生日的,非但不过生日,在自己诞辰的这一天还要斋戒,感念父母的生养之恩,这就是因为自己诞生的这一天"父忧母难"的缘故。有一年唐太宗李世民在自己的诞辰日召来开国功臣长孙无忌,并对他说:"今天是朕的生日,可是我每当到了这个日子,心里却都非常感伤。你看我君临天下,富有四海,可是有一件事让我很不快乐,那就是我永远无法在父母膝下承欢了!我的心情就和孔子的好学生子路一样。子路当年为了让父母吃上大米饭,不惜来回奔波一百里地为父母送去大米,后来父母去世之后,每每吃饭的时候就想起了双亲,以至于泪流满面,无法下咽。《诗经》中说:'哀哀父母,生我劬(qú)劳。'他们劳苦了一辈子,再也无法享受宴饮之乐了!"

　　母亲是子女的本源,因此"母"引申为本源之意。《老子》中曾经说过:"天下有始,以为天下母。既知其母,又知其子。既知其子,复守其母,没身不殆。"这段话的意思是:天下万事万物都有起始,这个起始就是万事万物的根源。掌握了万事万物的起始,就可以认识万事万物;认识了万事万物,还必须坚守万事万物的根本,这样终生就不会有危险。"母"又引申为凡雌性的总称，比如对各种雌性动物的称呼，母老虎、母猪、母猴等。

母子一体，因此凡是物体有大有小者皆称为子母，比如人们使用的无绳电话叫作子母机。有一种丛生的竹子，一丛甚至多达数十百竿，竹根缠绕，新竹旧竹盘结在一起，高低相倚，就像母子相依，因此称作子母竹，又称作慈竹、慈孝竹，都是从不能分割的母子关系而来的。

因为"母"是本源，古人认为拇指是五根指头的本源，于是给"母"字加上了一个"手"字，用来表示大拇指。喝酒时划拳称作"拇战"，就是因为拇指的使用率最高。

父

右手持棒教子女守规矩

怡然敬父执，问我来何方
——杜甫

❶

❷

《礼记·曲礼上》："见父之执，不谓之进不敢进，不谓之退不敢退，不问不敢对，此孝子之行也。"父亲的朋友称"父执"，比如杜甫的诗："怡然敬父执，问我来何方。"

父，甲骨文字形❶，这是一个会意字，右边是一只手，左边是一根棍子，右手持棒，教子女守规矩。金文字形❷，这只手把棒子举得更高了。金文字形❸，好粗的一根棒子！打在身上一定很疼。小篆字形❹，楷体字形变形得很厉害。

《说文解字》："父，矩也，家长率教者。从又举杖。"《礼记·学记》规定："夏、楚二物，收其威也。""夏"是山楸木，跟荆树一样坚硬；"楚"是一种落叶灌木或小乔木，开花时呈青色或紫色的穗状小花，叶子可入药，枝干坚硬。用这两种树的枝干制成杖，以对付那些不好好学习的顽童，调皮捣蛋的时候惩戒一下。后来"夏楚"连用，泛指用棍棒进行体罚，主要用于未成年人。夏、楚，就是家长举的那根杖，而举杖的家长，就是父亲。这是"父"的本义。

不过，郭沫若先生有不同的看法。他认为"父"是

❸ ❹

"斧"的初字,手持的不是棒子,而是石斧。石器时代,男子手持石斧进行操作,因此而称父亲之"父"。

古代中国是一个男权社会,父子关系因而成为这个社会中最重要的关系。《论语》中有这样一段对话:"叶公语孔子曰:'吾党有直躬者,其父攘羊,而子证之。'孔子曰:'吾党之直者异于是,父为子隐,子为父隐。直在其中矣。'"叶公对孔子说:"我家乡有个正直的人,他父亲偷了别人的羊,他去检举了自己的父亲。"孔子说:"我家乡正直的人跟这个人不一样,父亲为儿子隐瞒,儿子为父亲隐瞒,正直就在这种行为之中了。"

《左传·昭公二十年》中还记载了"一过不父"的成语故事。费无极向楚平王进伍奢的谗言,说伍奢联合太子准备发动叛乱,楚平王信以为真,于是就向伍奢求证。伍奢回答道:"君一过多矣,何信于谗?"此处的"一过"是指先前楚平王派遣费无极去秦国为太子接亲,费无极为了讨好楚平王,就对他说秦女甚美,干脆大王您自己娶了她吧!楚平王果然自娶了秦女。这一个过错已经很严重,因此后人用"一过不父"形容失于父道。

古代社会的父子关系还深刻地体现在血亲复仇之中。《礼记·曲礼上》写道:"父之仇弗与共戴天,兄弟之仇不反兵,交游之仇不同国。"父仇不共戴天,不能头顶同一片天空;杀兄弟之仇,则要随身携带兵器,见到仇人径直杀掉,不需再回家取兵器;杀朋友之仇,不能跟仇人共处一个国家之内。

《礼记·檀弓上》载,孔子的学生子夏询问为父母复仇之道,孔子回答说:"寝苫(shān),枕干,不仕,弗与共天下也。遇诸市朝,不反兵而斗。"意思是儿子要睡在草垫子上,拿盾牌当枕头,还不能去做官,卧薪尝胆。一旦在街头遇到仇人,拿出随身携带的兵器就杀掉仇人。

《春秋公羊传·定公》也说:"父不受诛,子复仇,可也;父受诛,子复仇,推刃之道也。"意思是说:父亲无辜被杀,儿子可以复仇;如果父亲有罪被杀,儿子为父亲复仇就会形成"推刃之道",即冤冤相报的恶性循环,后者不被赞赏。如伍奢受奸佞所害,为楚平王所杀,后其子伍子胥为报父仇,率领吴军攻入楚国都城,将楚平王的尸体从坟墓里挖出来,鞭尸三百。

由"父"的本义可以引申为对老年男子的尊称,比如姜太公被周武王尊称为"尚父",管仲被齐桓公尊称为"仲父",孔子被鲁哀公尊称为"尼父",范增被项羽尊称为"亚父"。

《允禧训经图》 清代顾铭绘，绢本设色，北京故宫博物院藏

顾铭，字仲书，生卒年不详，浙江嘉兴人，康熙至乾隆时期画家，工写真，小像尤精妙。

允禧（1711—1758）是康熙皇帝第二十一子，爵至慎郡王。他为人好客，礼贤下士，亦擅长书画。

这幅人物画描绘了允禧课子经书的家居场景。画面中允禧身着便服，手拿书卷，正在教习。福晋携子坐在一侧。稚子似刚开蒙不久的样子，还不能专心听讲，正要挣脱母亲之手去追逗堂前嬉闹的小猫。允禧夫妇对此并未露出愠色，而是将目光也一起转向了小猫，透出一种享受天伦之乐的暖意。捧书侍童及供水侍女巧妙点缀，画面具有真实而浓郁的生活气息。作为人物写真，画家的处理极具巧思，人物传神，情景生动。

❶　　　　　　　❷

兄

俯身向天祷告

凡今之人，莫如兄弟
——《诗经》

　　《诗经》中的这首《常棣》咏叹兄弟之间的深厚感情，其中有"凡今之人，莫如兄弟""兄弟既翕，和乐且湛"的句子。兄，甲骨文字形❶，这是一个会意字，下面是一个俯下身子的人，上面是"口"，会意为一个人向天祷告，因此，"兄"是"祝"的本字。甲骨文字形❷，这个人干脆跪了下来。金文字形❸，下面的人换了个方向，面朝右。金文字形❹，这个俯身的人，衣袖上的穗穗似乎都垂了下来，描摹得真是细致。小篆字形❺，下面的人变形为"儿"。

　　《说文解字》："兄，长也。"这并不是"兄"字的本义。"兄"既然是"祝"的本字，"祝"是祭祀时主持祝告的人，这个人通常应该是家庭中的长子，因此"兄"引申为兄长的意思。古人对兄弟关系非常重视，《周礼》中有"六行"之说，指的是六种善行：孝，友，睦，姻，任，恤。《尔雅·释训》："善父母为孝，善兄弟为友。"《尚书·君陈》中的一句话甚至还变成了一个古诗文中常用的典故："惟孝友于兄弟。"意思是：孝顺父母，友爱兄弟。后人于是把兄弟称作"友于"。陶渊明有诗："一欣侍温颜，再喜见友于。""温颜"代指慈母，"友

❸ ❹ ❺

于"就是兄弟。

东汉有一对兄弟,兄名赵孝,弟名赵礼,生逢乱世人相食,弟弟赵礼被强盗掳去,准备吃掉充饥。哥哥赵孝听说后,立刻赶往强盗的巢穴,对强盗们说:"我弟弟赵礼有病,身体又瘦,还不够你们塞牙缝的。我身子胖,你们还是吃我吧!"弟弟赵礼一听,坚决不答应,说:"我被你们抓住,死了也是我的命,跟我哥哥有什么关系!"兄弟俩各不相让,相拥大哭。强盗们被感动了,于是放了二人。这个典故被缩写为"兄肥弟瘦",用来比喻兄弟之间的友爱之情。

除了"铜臭"的贬称之外,古时候的钱还有一个有趣的称谓:孔方兄。铜钱外圆,中有方孔,所谓"外圆而内孔方也"。西晋隐士鲁褒写有一篇著名的文章《钱神论》,第一次使用了"孔方"这个称谓,并径直呼之为兄,来讥讽当时的金钱崇拜。"钱之为体,有乾坤之象。内则其方,外则其圆……亲之如兄,字曰孔方。失之则贫弱,得之则富昌。"从此之后,"孔方兄"的谑称就大行于世。

并不是所有的人都有兄弟,这就诞生了著名的"司马牛之叹",此叹出自《论语·颜渊》:"司马牛忧曰:'人皆有兄弟,我独亡!'子夏曰:'商闻之矣:死生有命,富贵在天。君子敬而无失,与人恭而有礼,四海之内皆兄弟也,君子何患乎无兄弟也?'""四海之内皆兄弟"的俗语即由此而来,"司马牛之叹"也成为对孑然一身、孤立无援的感叹之词。

《诗经·小雅·鹿鸣之什图·常棣》

(传)南宋马和之绘,赵构书,绢本设色长卷,北京故宫博物院藏

此卷据说是马和之《诗经》系列图之一,全卷书、画共十段。马和之创作《诗经图》历经高宗、孝宗二朝,《鹿鸣之什图》卷创作于高宗朝。《诗经图》问世不久即出现摹本、临本。此卷绘画简逸流动,书法端庄潇洒,是极难得的存世赵书马画合璧真迹。

这一段描绘的是《小雅·常棣》一诗的诗意。图绘三人立于水畔坡岸上,形貌几乎相同,似表现兄弟三人正在观看水中花树。水中三株灌木错落生长,开满繁花。《常棣》是一篇吟诵兄弟友爱、手足亲情的诗作,开篇云:"常棣之华,鄂不韡韡。凡今之人,莫如兄弟。""韡韡(wěi)"是形容光明美丽的样子。

常棣亦作棠棣、唐棣,是一种蔷薇科落叶灌木,花粉红色或白色。常棣花开时,每两三朵彼此相依,所以诗中用来比喻兄弟之情。全诗笔意曲折,委婉诚挚,是《诗经》中的名篇,常棣之华亦成为后世经典意象。

弟

用绳子将捕鸟工具一圈圈缠起来

采菊投酒中，昆弟自同倾
——韦应物

❶ ❷

韦应物有诗："采菊投酒中，昆弟自同倾。""昆弟"也是兄弟之意，但和兄弟的称谓还是有区别。我国古代服丧制度的规格、时间等是按照严格的亲疏远近来制定的，从重到轻，依次分为斩衰、齐衰、大功、小功、缌麻五种，此之谓"五服"。其中穿斩衰、齐衰、大功三种丧服的兄弟关系称作"昆弟"，穿小功、缌麻两种丧服的兄弟关系称作"兄弟"，"兄弟"比"昆弟"的关系要远一些。

弟，甲骨文字形 ❶，这是一个象形字：中间是"弋"，"弋"是系有绳子的箭；缠绕着"弋"的叫矰缴，是丝做的绳子。这种组合又称"弋缴"，是古代专用的射鸟工具。《说文解字》："弟，韦束之次第也。""韦"是熟过的皮子。用熟皮绳将"弋"捆束起来，就产生了一圈一圈的次第，因此"弟"是"第"的本字。不过商承祚先生认为"弟"是"梯"的本字，一道一道绳索缠绕上去，像用以攀登的梯子。金文字形 ❷，笔画变粗了。金文字形 ❸，绳子缠得更密了。小篆字形 ❹，紧承甲骨文和金文而来。楷体字形彻底失去了原始的形状。

"弟"的本义就是次第，兄弟之间也有先后大小的

次第,由此引申出弟弟的意思。按照古代的礼节,弟弟要敬爱兄长,这叫"悌"(tì),因此"弟"可以通假为"悌"。孝敬父母,敬爱兄长叫"孝弟",同样可以写作"孝悌"。朱熹解释道:"善事父母为孝,善事兄长为弟。"《论语》中说:"其为人也孝弟,而好犯上者,鲜矣;不好犯上,而好作乱者,未之有也。君子务本,本立而道生。孝弟也者,其为仁之本与!"意思是:如果为人孝顺父母,敬爱兄长,却喜欢冒犯尊长,这样的人很少见;不喜欢冒犯尊长,却喜欢作乱,这样的人从来没过。君子致力于根本,根本建立了,仁道自然就有了。孝悌就是为仁的根本啊!可见古人对"孝悌"的重视程度。

《诗经·常棣》中有个至今还在使用的成语:"兄弟阋于墙,外御其侮。""阋"读作"xì",争吵。这个成语的意思是:兄弟们虽然在家里争吵,内部有分歧,但能够一致抵御外人的欺侮。兄弟关系的呈现还有一个成语"难兄难弟",在今天,"难"读作"nàn",意思是落难;相应地把同时落难的人称作"难兄难弟"。殊不知在古代,"难兄难弟"的意思刚好相反,"难"读作"nán",意思就是它的本义,不易、难以的意思。

东汉灵帝时,陈寔(shí)有六个儿子,个个都很贤德,也都很有名望,特别以长子陈纪(字元方)和四子陈谌(字季方)最为杰出,哥俩和老爹被当时人合称为"三君",赞誉有加。

有一次,陈纪的儿子陈长文和陈谌的儿子陈孝先之间发生了一场争论,两人都夸自己父亲的功德更高,品行更完美,争论不休,谁也说服不了谁,于是二人携手去找爷爷,请爷爷一决高下。陈寔听了二人争论的理由,不由得笑了起来,裁决道:"元方难为兄,季方难为弟。"意思是两人的功德都一样高,品行都一样完美,无法像兄和弟一样分出高下。

　　汉语词汇的变迁真是太有意思了,到了今天,"难兄难弟"不仅读音变了,而且连意思也完全改变了!

儿

婴儿口中新长出了牙齿

既多受祉，黄发儿齿

——《诗经》

 ❶  ❷  ❸

"儿"和"兒"古时候是两个字，如今统一简化为"儿"。《说文解字》："儿，仁人也。古文奇字人也。象形。"据此则"儿"和"人"本为一字。本文讲的是"兒"这个字，但仍然使用简化字的"儿"，以下不再注明。

儿，甲骨文字形 ❶，很明显这是一个象形字，下面是人形，看得很清楚，上面象形的是什么呢？谷衍奎在《汉字源流字典》中认为"像幼儿张口嘻笑露少量牙齿形，表示还是幼儿，牙尚未长齐"。白川静先生则说："头部为幼儿发髻之人形。这样的发髻指代孩儿、幼儿。《礼记·内则》云：男儿出生满三个月时，做成发髻，所谓'男角'。男角发型为'兒'。男角发髻的编法是，将头发从中分成两股，然后在耳朵上方卷起，卷成圆圈，像动物的角一样突起。日本古代，男孩子也留类似的发型。"这种发型也称作"总角"。不过"总角"是在头顶上，而该字形上面半圆中那两笔短笔画却并不像"总角"之形。

儿，甲骨文字形 ❷ 和 ❸，大同小异。金文字形 ❹，遵循着同样的造字思维。金文字形 ❺，字形发生变化，上面的半圆形里面变成了左右对称的四个短笔画。《说文解字》："儿，孺子也。从儿，象小儿头囟未合。""孺

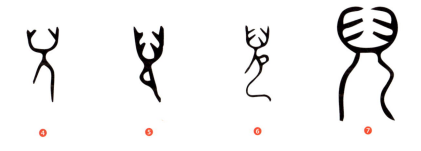

子"即小孩子;"囟(xìn)"指婴儿的头顶骨尚未合缝之处,俗称"囟门"。明代学者魏校说:"顶门也。子在母胎,诸窍尚闭,唯脐纳气,囟为之通气,骨独未合。既生,则窍闭,口鼻内气,尾闾为之泄气,囟乃渐合,阴阳升降之道也。"

针此,张舜徽先生认为:"孺子以生齿毁齿辨其长幼,故造文者取象焉。头囟未合,不见于外,无由象形,固非所从得义也。"所谓"生齿",指幼儿长出乳齿;所谓"毁齿",指幼儿乳齿脱落,更换为恒齿。他据此认为"儿"字形里面的短笔画乃是牙齿的象形,用新长出牙齿表示幼儿。

儿,金文字形❻,幼儿背上鼓起的一块应该是襁褓。小篆字形❼,上面定型为"臼",好似形状如臼的臼齿。

《诗经·閟宫》中有"既多受祉,黄发儿齿"的诗句。祉,福也;黄发,老人的头发白了之后会发黄,因代指老人;儿齿,郑玄解释说:"齿落更生细者也。"老人的牙齿落尽后再生出的细齿称"儿齿",这当然是不常见的现象,但"儿齿"的称谓印证了张舜徽先生所谓"孺子以生齿毁齿辨其长幼,故造文者取象焉"的观点。

"男曰儿,女曰婴。"古人称男孩儿为"儿",称女孩儿为"婴"。"婴"字上面的两个"贝"是古代女人的颈饰,因此用来指称女孩儿。由男孩儿称"儿"引申为雄性的牲畜也称"儿",比如儿猫指公猫,儿马指公马。后来才不加分别,用"婴儿"泛指出生不久的幼儿。

《养正图》册之"访任棠"

清代冷枚绘,张若霭书,绢本设色,北京故宫博物院藏

冷枚(约1669—1742),字吉臣,号金门画史,山东胶州人。清代宫廷画家,擅长人物、界画,尤精仕女。画风糅合中西技法,笔墨洁净,界画精工,赋色韶秀,典丽妍雅。

《养正图》又称《圣功图》,是带有启蒙教育性质的图册,明清两代均有绘制。此套册页共十开,左文右图,内容皆为历代贤臣明主的故事。

这幅画描绘了汉代庞参访任棠的故事。庞参字仲达,汉安帝时为汉阳太守。听说郡人任棠有奇节,庞参便去拜访。棠见参来,乃抱小儿当门而立,以水一盂、薤一大本献之,口中更无一言。参悟其意曰:"水者,欲吾清也。薤者,欲我擊强宗也。抱儿当户者,欲我开门恤孤也。"于是叹息而还。庞参在职期间,果然抑强助弱,以惠政得民。现在看来,这像是一个猜哑谜的故事,连怀中小儿也成了谜面之一。

孙

结绳来记录子孙的世系

宜尔子孙，绳绳兮 ——《诗经》

"孙"的繁体字是"孫"，《说文解字》："孙，子之子曰孙。从子，从系。系，续也。"这是许慎对"孙"的释义，也就是"孙"的本义。那么，"子"和"系"组合在一起为什么可以表示"子之子"呢？这个字的起源非常早，而且反映了有文字之前先民的一项有趣的习俗。

孙，甲骨文字形 ❶，这是一个会意字，上面是"子"，下面是"系"，细丝绳。甲骨文字形 ❷，左右结构。金文字形 ❸ 和 ❹，除了更加美观之外，变化不大。小篆字形 ❺，一脉相承。

《尔雅·释训》："子子孙孙，引无极也。"怎样"引无极"呢？徐中舒先生在《甲骨文字典》中详细阐释了先民结绳记事的传统："文字肇兴以前，古人即以结绳纪祖孙世系之先后。"《诗经》中屡屡有结绳以纪世系的实录。《下武》："绳其祖武。"承续祖先所行之迹。《抑》："子孙绳绳。"子孙延绵不绝。《螽（zhōng）斯》："宜尔子孙，绳绳兮。"你的子孙绵绵不绝。这些诗句中的"绳""绳绳"即是"孙"字字形中的"系"。

徐中舒先生又说："古代祭先祖之祭坛上，必高悬

❸ ❹ ❺

若干绳结以纪其世系……父子相继为世,子之世系于父下,孙之世系于子下。"白川静先生则另有新说:"'系'形示饰线下垂。'孙'义示祭祀祖先时,后代司直'尸'(充任被祭奠者接受祭祀)职,身佩祝咒用饰物。祭奠祖父时,司直'尸'职的是孙子,因此'孙'有了孙子之义。"

  白川静先生这段话需要解释一下。据《礼记·祭统》规定:"夫祭之道,孙为王父尸。"王父指祖父。《礼记·曾子问》又记载了曾子和孔子的一段对话。曾子问:"祭必有尸乎?""尸"指祭祀时代表死者受祭的活人。孔子回答:"祭成丧者必有尸,尸必以孙,孙幼则使人抱之;无孙,则取于同姓可也。"古人认为祭祀的目的在于和祖先的灵魂感通,用孙子来代表死去的先祖受祭,可以凝聚先祖之气,这种祭祀称作"尸祭"。祭祀祖父时,不能由儿子来担任"尸",必须由孙子担任,可见祖父与孙子的关系要远远亲于父与子。担任主祭者的孙子,祭祀时要自称"孝孙"。

  有趣的是,从"孙"的本义引申开来,脉络的细小分支也称"孙",比如中国古代医学术语将此分支称作"孙络"。再生的植物也称"孙",比如《周礼》中有"孙竹之管"的称谓,郑玄解释说:"孙竹,竹枝根之末生者。"此即竹的枝根末端所生的竹。稻子收割之后,留下的根再生的稻穗称"稻孙"。南宋叶寘(zhì)所著《坦斋笔衡》中记载了著名画家米芾的一则趣事。米芾在城楼上宴饮,看到田野中一片绿色,不解地询问老农:"秋已晚矣,刈获告功,而田中复青,何也?"老农回答:"稻孙也。稻已刈，得雨复抽馀穗，故稚色如此。"再生稻乃祥瑞之兆，米芾于是欣然提笔，将此城楼命名为"稻孙楼"，这就是安徽省无为县西门城楼命名的由来。

至于排名百家姓第三大姓的孙姓，则起源极早。卫武公的儿子惠孙有个孙子叫武仲乙，"以王父字为氏"，用祖父惠孙的字作为自己的氏名，从此才诞生了孙姓。

爱

用手抓着心跑去奉献给所爱的人

亲至结心为爱
——沈宏

❶

前两年，学界关于是否恢复繁体字引发了巨大的争论，赞同恢复者提出了很多论据，其中最广为人知的论据就是这个"爱"字。繁体字中的"愛"字中间有颗心，简体字将这颗心给删除了。论者曰，没有"心"还怎么"爱"？但是为什么"爱"这个字最初造出来的时候会有一颗心，却没有人说得清楚。

爱，金文字形❶，这是一个会意字，但究竟是怎么会意的，却众说纷纭。下面是一颗心，这是毫无疑义的；上面的字符，有人认为像一个人张大嘴巴呵气，加上"心"表示用心地嘘寒问暖。还有人认为上面这个字符是一个人伫立转身回顾的样子，加上"心"表示心有所系而回顾徘徊。金文字形❷，右边多了一只手的模样。小篆字形❸，下面又多了一只脚。

《说文解字》："爱，行貌。"许慎竟然将"爱"解释成行走的样子！清代学者段玉裁相信了许慎这个解释，于是声称，当作今天"爱"这个意思的还另有一个字，但是那个字后来被废弃了，"爱"于是被假借来使用。很多人用这个证据来嘲笑那些持"爱中有心"论调的人，因为如果"爱"仅仅表示行走的样子，再被

❷ ❸

假借来使用，那么"爱中有心"的论调就变成了没有根据的猜测。

我认为从字形来看，最突出的是"心"。不管是呵气还是伫立回顾，不管添加的是手还是脚，所有这些字符都围绕着"心"，"心"才是这个字的中心符号。如果"爱"如许慎所说仅指行走的样子，那么为什么非要突出其中的"心"呢？行走只需用脚，没听说过还要用"心"来行走的。况且从小篆字形来看，包裹着的那颗"心"比金文字形的更大，用手抓着这么大的一颗心走路不嫌累赘，不嫌沉重吗？因此"爱"不应该解释为"行貌"。

在所有关于"爱"字的解释中，我认为古代学者沈宏的解释最接近"爱"的本义。在对《孝经》的注解中，沈宏说："亲至结心为爱。"亲指父母，思念父母，想到父母身边去孝敬父母，以至于这样的念头积存于心，这就叫作"爱"。各种字书对"爱"字的解释——亲也、恩也、惠也、怜也、宠也、好乐也、吝惜也、慕也，等等——都是从本义中引申出来的义项。回过头来再看"爱"字的金文和小篆字形，它的含义就非常清晰了：把自己的一颗心突显出来，用手抓着，走着跑着去奉献给深爱的人，这才是"爱"字的本义。因此我赞成"爱中有心"的论调，没有心的爱，那叫利欲熏心，把"心"都给熏丢啦！

支持这种解释的还有一个有趣的佐证：古人称对方的女儿为"令爱"。令爱最初写作令嫒，父母都爱女儿，于是给"爱"字添加了一个"女"字旁，再加上一个表示美好的"令"字，专门用来尊敬又亲昵地称呼对方的女儿。

慈

母亲的心像细丝一样牵系着子女

慈母手中线，游子身上衣。
——孟郊

"慈母手中线，游子身上衣。临行密密缝，意恐迟迟归。"自古以来，母亲常被称作慈母，"慈"成了母亲的专利，父亲则称为严父。严父慈母，仿佛父母对待子女的态度就此定型了。那么，究竟什么是"慈"呢？

慈，金文字形❶，这是一个会意兼形声的字，下面是一颗心，上面是两束细丝，会意为母亲的心像细丝一样牵系着子女。小篆字形❷，"慈"的字形定型，变成了从心兹声的形声字。篆体字的另一种写法❸，比金文更形象：下面依旧是一颗心，左上是"子"，代表子女，右上是手，会意为用心爱着子女，用手抚育着子女。

《说文解字》："慈，爱也。"西汉学者贾谊："亲爱利子谓之慈，恻隐怜人谓之慈。"东汉学者服虔："上爱下曰慈。"《管子》："慈者，父母之高行也。"这些解释还都没有将"慈"的特性仅仅附加到母亲身上，直到"五常"概念的出现。

五常是五种伦常道德，据西汉学者孔安国解释："天与民五常，使父义、母慈、兄友、弟恭、子孝。"于是产生了"父严母慈"这一传统的父母定位。

不过"慈母"最早可不是指亲生母亲，《仪礼·丧服》

❷

❸

中出现了一个奇怪的定义:"慈母如母。"如果慈母是指亲生母亲,怎么还会这样说呢?儒家学者解释说:"慈母者何也?传曰:妾之无子者,妾子之无母者,父命妾曰:'女(汝)以为子。'命子曰:'女(汝)以为母。'若是,则生养之,终其身如母。"这真是一个令人瞠目结舌的定义!

原来,"慈母"的地位要低于亲母和继母,"继母如母,慈母如母"。要符合"慈母"的条件可不容易:首先父亲最少必须有两个妾,其次其中一个妾刚好没有生育男孩儿,再次另外一个妾生育有男孩儿但是必须死掉,最后父亲还要下令让无子的妾领养已死的妾的儿子。只有符合了这些条件,这个被领养的男孩儿才能称抚育自己成长的养母为"慈母"。这就是"慈母如母"的含义!说起来真是让人伤心!不过这一含义后来就不再使用,而是专指亲生母亲了,比如古人对别人称呼自己的母亲叫"家慈",相应地对别人称呼自己的父亲就叫"家严"。

"慈"是指母亲对子女的慈爱,后来加以引申,对父母孝敬奉养也称作"慈"。东汉学者郑玄解释道:"慈,爱敬进之也。"以爱和敬来奉养父母。古人将乌鸦的一种称为"慈乌",据李时珍记载:"此鸟初生,母哺六十日,长则反哺六十日,可谓慈孝矣。"相传此鸟刚出生的时候,母鸦口中含着食物喂养小鸦六十天,小鸦长大之后,为了报答母鸦的养育之恩,也衔着食物喂养母鸦六十天,叫作"反哺",因此乌鸦被称为"慈乌",以表彰这种鸟的慈孝。因为这个缘故,有时候也以"慈乌"来指代母亲。

《孟母断机教子图》
清代康涛绘,绢本设色,北京故宫博物院藏

康涛,清代画家,生卒年不详,钱塘(今杭州)人。善山水、花鸟,尤精仕女。

此作绘于乾隆二十八年(1763),取材于孟母断机教子的故事。孟母侧身立于织机旁,左手指机,右手执刀,回首训子。稚气未脱的孟轲立于母亲面前,神情专注,恭敬驯顺。画中人物古朴清秀,线条纯熟,表情细腻。全画设色淡雅,唯母子二人头巾上的青色与孟轲鞋上的朱砂色鲜明醒目。

孟母不是一般意义上的慈母,她既严且慈,既养且教。三迁择邻,断机教子,放到现在依然睿智而果断。孟子能成为一代圣贤,与孟母的教育不可分割。

子女来看望砍柴的父母

亲朋无一字，老病有孤舟 ——杜甫

❶　❷

古代亲戚关系中有"六亲"一词，"六亲"到底指哪六种亲戚关系，则说法不一，一说为父、子、兄、弟、夫、妇，一说为父、母、兄、弟、妻、子，一说为父子、兄弟、姑姊、甥舅、婚媾、姻娅……还有别的种种说法，非常烦琐，不再赘述。不过，从"六亲不认"这一成语来看，那么"六亲"的概念应该越宽泛越能显示出此人或铁面无私或人情冷漠之达于极端。

亲，甲骨文字形❶，这是一个会意字，外面是屋子的形状，屋子里面的两个组成字符会意为什么，则众说纷纭。右边是一个人，看得很清楚，众说纷纭的就是左边这个字符。从形状上来看，下面是"木"，上面是"辛"，"辛"是古代施肉刑的一种刀具，这种肉刑叫"黥"，用刑刀在犯人脸上刻字，再用墨涂，墨迹就会深陷进肉里，作为犯人的标识。徐中舒先生则认为"辛"表声，下面的"木"和右边的"斤"会意为以斤（斧子）伐木。

白川静先生的看法最为独特，他认为"辛"是带把手的大针，向"木"投出大针，投中的"木"就选来制作成祖先的牌位，右边的这个人躬身向牌位祭拜，

❸　　　　　　　❹　　　　　　　❺

这就叫"亲"。白川静先生的看法很有道理，因为在中国古代，"国之大事，在祀与戎"，祭祀和战争同等重要。而且"亲"的字形上面还有一间屋子，在屋子里向祖先的牌位祭拜，也很符合这个字形的样子。牌位首先是父母的牌位，因此"亲"会意为父亲、母亲之意。

　　亲，金文字形❷，上面的屋子去掉了，右边的人突出了大眼睛，左边依旧不变。根据这个字形以及后面的小篆字形，我倒倾向于从日常生活的角度来猜测"亲"的本义。"辛"是一把刑刀，固然不错，但是否也可以作为人们的日常器具使用呢？父母拿着这把刀在砍伐薪木，可以想见非常劳累，儿子还小，从家里赶来探望，躬下身趋近于父母，表示安慰之意，大约也能够说得通。我们来看许慎在《说文解字》中的解释："亲，至也。"段玉裁进一步解释道："到其地曰至，情意恳到曰至。父母者，情之最至者也，故谓之亲。"这种解释更接近于我的解释，即儿子前来恳挚地安慰劳累的父母。不过也有人解释为前往狱中探视受刑的亲人。

　　亲，金文字形❸，上面又出现了屋子的形状，同于甲骨文字形。按照我的解释，这个字形可以会意为父母从外面劳作归家，儿子趋近问安。小篆字形❹，左边"辛"和"木"的组合更加清楚。楷书繁体字形❺，左边发生了变异。"亲"则是俗体字，省掉了右边的"见"，这个俗体字饱受诟病，网络上也曾用"亲不见"来加以嘲讽。

"亲"很早的时候就有平、去两种读音，去声读作"qìng"，联姻的双方父母互称"亲家"。这一称谓从东汉开始，一直延续到今天。贵为皇帝，唐玄宗也使用过这一称呼。名相萧嵩的儿子萧衡娶了新昌公主为妻，萧嵩的妻子贺氏入宫拜见皇帝，唐玄宗金口玉言称贺氏为"亲家"，又称她"亲家母"，足见跟萧家关系之亲密，对萧家之宠幸。因此唐代诗人卢纶在诗中艳羡地写道："人主人臣是亲家，千秋万岁保荣华。"

世

分杈的树枝上长出了三支新芽

君子之泽，五世而斩
——《孟子》

今天我们使用的"世代""世世代代"等说法，早已属于泛泛之言，并没有具体的时间限定，不过在古代，可完全不一样，有着精准的时间限定。

世，金文字形 ❶，三条竖线上面分别有三个点瘤状。这个字形到底想表达什么样的意思呢？清代学者吴大澂给出了极富启发性的解说："枼、世二字，古本一字。"林义光在《文源》一书中进一步发挥道："当为枼之初文，像茎及叶之形。草木之叶重累百叠，故引申为世代之世。"也就是说，这个字形中的三条竖线表示草木的茎，三个点瘤状表示茎上长出的叶子。

白川静先生在《常用字解》一书中总结道："象形，分杈的树枝长出新芽之态。草长出新芽为'生'。木长出新枝三枝为'枼'，树枝上长出之物为'葉（叶）'。植物长出新芽，由此衍生出了一生、生涯、寿命、世界、世间之义。"今天仍然还在使用中叶、末叶这样的历史时期的分段法，也可证明世、枼、葉同出一字。

世，金文字形 ❷，三枝上的新芽更是栩栩如生。小篆字形 ❸，点瘤状讹变为三短横，《说文解字》就是根据这个字形作出的释义："世，三十年为一世。从卅而曳长之。"显然不符合"世"的金文字形。

张舜徽先生在《说文解字约注》一书中则认为："像

草木叶叶既凋复吐之状，当为岁之初文。荒古淳朴，初民但以此为改岁之候……《礼记·曲礼下》：'去国三世。'《释文》引卢王注：'世，岁也。万物以岁为世。'此古义之仅存者。草木多以一岁为荣枯，故世有岁义。"

不过，《诗经·大雅·文王》中有"文王孙子，本支百世"的诗句，将周文王比作树干的"本"，将子孙比作枝叶的"支"，正符合"世"的金文字形，因此还是"枼、世二字，古本一字"的释义更为妥当。许慎把小篆字形混淆于代表三十之数的"卅（sà）"，从而才有了"三十年为一世"的说法，但其实父（本）、子（支）相继为"世"才更符合本义。

《礼记·曲礼上》载：男子"三十曰壮，有室"。《礼记·内则》篇中同样有男子"三十而有室，始理男事"的记载。也就是说，儒家理想中的男子的结婚年龄是三十岁，三十岁结婚生子，就有了下一代，因此，"世"的本义指父子相继，也就是"一代"，引申而指三十年。

王力先生在《王力古汉语字典》中详细辨析了"世"和"代"的区别及其演变轨迹："上古汉语'世'、'代'不同义。父子相传为一世，朝代相替为一代。'三世'指祖孙三世，'三代'指夏商周三代。唐人避唐太宗讳，遇'世'字多改用'代'字，甚至世宗亦改称代宗。从此以后，'代'字变为'世'的同义词。"

孟子在《离娄下》篇中的名句"君子之泽，五世而斩"，"五世"即指五代，形容祖先的遗风和影响五代之后就消失了，跟今天常说的"富不过三代"是一个意思，但是周期却大大缩短了。

生死篇

名

天黑时自己报出姓名

猗嗟名兮，美目清兮
——《诗经》

❶ ❷

名，甲骨文字形❶，这是一个会意字，《说文解字》："名，自命也。从口从夕。夕者，冥也。冥不相见，故以口自名。"张舜徽先生说："许君云自命者，谓自呼其名也。古者严男女之防，《礼记·内则》所云：'夜行以烛，无烛则止。'盖所以闲内外者为至密，故禁冥行。冥行则必自呼其名，使人知之，所以厚别远嫌也。此篆说解，足补古代礼制之遗，最为可据。"

人出生三个月，父母就要取个名字，以分别于他人。这个"名"必须自称，平辈之间甚至一般关系的尊长对晚辈都必须以"字"来称呼对方，以示尊重。比如诸葛亮字孔明，别人称呼他时，必须称"孔明"，他自称时，必须称"亮"，绝对不能反其道而行之。由此也可见"指名道姓"即是不尊重对方的表现。

名，甲骨文字形❷，方向相反，但还是从口从夕。金文字形❸和❹，变成了上下结构。小篆字形❺，紧承金文字形而来。可以看出，从古至今，"名"这个字都没有什么大的变化。

有个成语叫"不名一钱"或"不名一文"，形容极其贫穷，连一枚钱、一文钱都没有。这个成语中的"名"

❸　　　　　　　　❹　　　　　　　　❺

是什么意思呢？

这个成语出自《史记·佞幸列传》中邓通的故事，知道了这个故事，就会明白"不名一钱"是一个多么刻薄的词。

邓通是掌管船舶行驶的小吏，因为行船时必须戴黄帽而称之为"黄头郎"。汉文帝有一次梦见自己上天，背后有黄头郎推了一把，回头一看，只见这位黄头郎衣服的横腰部分，衣带在背后打了结。醒来后到处寻找，发现邓通的衣服跟梦中所见一模一样，邓通就这样得了宠，"于是文帝赏赐通巨万以十数，官至上大夫"。有趣的是，相士为邓通相面，却声称邓通"当贫饿死"，汉文帝很生气，说："能富通者在我也，何谓贫乎？"于是干脆赐给邓通一座铜山，允许他自己铸钱，号为"邓氏钱"，通行天下。铸钱必须官铸，邓通竟然可以私铸，其富可想而知。

汉景帝即位后，不仅免了邓通的官，而且将他的家产尽数没收，邓通的结局是"竟不得名一钱，寄死人家"。司马贞《史记索隐》中解释说："始天下名'邓氏钱'，今皆没入，卒竟无一钱之名也。"原来，邓通私铸的钱取名"邓氏钱"，此时被全部没收后，再也没有一枚钱可以名为"邓氏钱"了！

这就是"不名一钱"的来历。王充在《论衡·骨相》篇中简洁地总结道："文帝崩，景帝立，通有盗铸钱之罪，景帝考验，通亡，寄死人家，不名一钱。"由不能再取名"邓氏钱"而引申为私人占有，"不名一钱"或"不名一文"因此意为私人不占有一枚钱或一文钱。

  "名"还有一个最为奇特的义项。《诗经·猗嗟》是一首赞美少年射手的诗篇,其中吟咏这位少年射手"猗嗟名兮,美目清兮",《尔雅·释训》如此解释这个"名":"猗嗟名兮,目上为名。""目上"即眉睫之间。《毛传》则说:"目上为名,目下为清。"清代学者陈奂说:"名与清,皆美目也。"至今仍有"名目"一词。

《却坐图》

宋代佚名绘，绢本设色，台北"故宫博物院"藏

这幅画描绘的是汉文帝时袁盎谏止宠妃慎夫人与帝、后并坐的故事。文帝游上林苑，慎夫人僭坐帝旁，袁盎面谏，谓帝既有后，不当容其妃同坐于侧，否则尊卑失序，终会祸及慎夫人。帝纳其议，慎夫人亦赐金袁盎。慎夫人僭坐，实际是名不正，行亦不当，皇帝可以默许，但一旦以名实责之，立刻理亏。

图中右侧，汉文帝居中坐在宝座上，表情严肃，右手按膝，左手扶椅，似在沉吟倾听。文帝左首圆墩上坐着慎夫人，低头沉默，微露不悦。四位宫女在后面侍立静听。袁盎弓背弯腰，两手举笏，作面奏君王状，神情坚定坦然。左上一皇宫卫士，手执金瓜，威风凛凛，似只等皇帝一声令下。幅上无名款，人物线条流利简洁，树石刻划精谨，为南宋院体画佳作。

字

在家里生孩子

> 女子许嫁，笄而字
> ——《礼记》

❶　　　　　❷

女子成年后还未出嫁，人们常常雅称为"待字闺中"。待是等待，闺中指女子居住的内室，这都好理解，但是这个"字"是什么意思？为什么可以比作未嫁呢？

字，金文字形❶，这是一个会意字，上面是屋顶，下面是小孩子，会意为在家里生孩子。金文字形❷和❸，大同小异。小篆字形❹，紧承金文字形而来。这个"字"的字形，从古至今都没有任何变化。

《说文解字》："字，乳也。"《广雅》："字，生也。"这就是"字"的本义。《易经》第三卦叫屯卦，其中六二的爻辞有"女子贞不字，十年乃字"之辞，意思是卜得女子不能怀孕，十年之后才能孕育。"字"又由此引申为抚养。

白川静先生则独持己见，他认为上面的屋顶"形示祭祀祖先的庙宇之房顶，新生儿出生后，达到了一定的天数，确信有望养育成人后，要前往祖庙举行仪式，报告出生之事，此仪式谓'字'"。这种观点未免将"字"的字形过于复杂化了。

有趣的是，我们现在所说的"文字"，在古代却有着严格的区别。许慎在《说文解字·叙》中写道："仓

❸   ❹

颉之初作书也，盖依类象形，故谓之文；其后形声相益，即谓之字。文者，物象之本；字者，言孳乳而寖多也。""文"即"错画也"，像花纹、纹理父错纵横之形，象形字就是对自然万物的摹画，此之谓"物象之本"；象形字不够用了，慢慢发展出形声字，就像女人生孩子，生得越来越多，这就叫"孳（zi）乳"，因而称之为"字"。这个名称也是由"字"的本义引申而来。

《礼记·曲礼上》载："男子二十，冠而字，父前子名，君前臣名。女子许嫁，笄而字。"这是指古代男女的成年礼。

男子到了二十岁的时候要举行成年礼，这个成年礼称作"冠礼"，束起头发，戴上帽子，表示成人了。这时还要再取一个"字"，此"字"由冠礼的正宾所取。《仪礼·士冠礼》解释说："冠而字之，敬其名也。"意思是尊重父母为他取的"名"。不过，"父前子名，君前臣名"，在君父面前称"名"，他人则必须称"字"。这个"字"又称作"表字"，意思是用这个"字"来表其德行，凡人相敬而呼，必称其表德之字。这就是所谓"名以正体，字以表德"。

女子的成年礼比男子要早好几岁，十五岁的时候就要举行成年礼，称作"笄礼"，"笄（ji）"是簪子，盘发结笄，表示成人了。这时也要取一个"字"。举行完笄礼，女子就可以出嫁了。但是在笄礼之后、出嫁之前的这一段时间，这位成年女子的状态就称作"待字"或者"待字闺中"。

女子尚未婚配,就好像在等待那个成人时方才可以取的"字"一样,故称"待字",这当然是从字面意义上来理解的,"字"的引申义就是"女子许嫁"的"许嫁"二字。

殷

在屋里给孕妇接生

士与女，殷其盈矣 ——《诗经》

❶

❷

《史记索隐》："契始封商，其后裔盘庚迁殷，殷在邺南，遂为天下号。"唐代学者司马贞所作的这则索隐，仅仅指出"殷"乃地名，而并没有说清楚盘庚迁都后为何以"殷"为国号。我们来看看"殷"这个字的演变过程，并结合前人后人的研究成果，尝试着破解这个谜题。

殷，甲骨文字形❶，于省吾先生在《甲骨文字释林》一书中说这个字"旧不识"，他释义为："像人内腑有疾病，用按摩器以治之。"并引用古籍中诸多按摩之法的记载，得出结论："依据契文，商人患病多乞佑于鬼神而不用医药。但本诸前文所述，可见商人患病除乞佑于鬼神外也用按摩疗法。"但细看字形，这根按摩器的把柄未免太长。

我们再来看甲骨文字形❷，这个字形出自故宫博物院所藏晚商二祀邲其卣，卣（yǒu）是青铜所制的盛酒器。这也是一个会意字，但所会何意，学者们却有不同的意见。字形的上部是刺棘覆盖的房屋之形，中间是一个大肚子的人，右下角是一只手，这只手持着一个器具。这个器具到底是什么东西呢？有学者认为这是一根针，比如谷衍奎《汉字源流字典》中说："会一手持针给一个

❸　　　　　❹　　　　　❺

身患严重腹疾的大肚子人进行治疗之意。"但是细看这个器具的形状，与针相去甚远。

对这个器具的辨形分析，我认同有家学渊源、在学界却籍籍无名的民间学者华强先生的看法。在三秦出版社二〇一一年六月出版的《甲骨文比较研究》一书中，华强认为这个器具是一柄刀口呈弧形的刀，持刀的医生正在给孕妇做剖宫产手术，孕妇的肚子上已经横切了第一刀，医生正在进行竖直的第二刀，形成T形切口后就可以将婴儿取出。孕妇头上的一横是一根横杠，供孕妇手术过程中双手紧抓之用。

殷，金文字形❸，这把用来剖腹的刀虽然加以简化，但粗粗的样子仍然不像针。孕妇大肚子里的一横变成了一点，代表身孕，这就更像接生而非剖宫产了。金文字形❹，上面添加了一个屋顶，表示是在屋子里面接生。小篆字形❺，左边的孕妇身体发生了讹变，看不出来怀孕的样子了。

《说文解字》："作乐之盛称殷。"这是引申义，"殷"的本义是在产房里给孕妇做剖宫产手术或者给孕妇接生。由此本义而引申为新生，正如华强所说："盘庚自称殷商，有新生的含义，说明盘庚迁殷目的是创造一个新生的王朝。"这就是盘庚迁都后国号称"殷"的由来：所谓"殷商"，即为"新商"，新生的、中兴的商朝。

新生之后当然会发展壮大，因此"殷"又引申出盛大、众多之意，《诗经·溱洧》中有"士与女，殷其盛矣"的咏叹，意思是在郑国的溱（zhēn）

水和洧（wěi）水之上，挤满了众多的青年男女。古时还有"殷祭"的祭礼，指三年一次的祖庙之祭和五年一次的合祭诸祖神主之祭，这当然都是盛大的祭礼，故称"殷祭"，即"大祭"。

至于"殷"当作姓，《史记·殷本纪》记载得很清楚："契为子姓，其后分封，以国为姓，有殷氏、来氏、宋氏、空桐氏、稚氏、北殷氏、目夷氏。"凡是这些姓，都表明他们是殷商始祖契的后裔。

寿

老人在田间主持四时之祭

> 如南山之寿，不骞不崩 ——《诗经》

❶

❷

"五福临门"是中国民间的一句吉庆用语，过春节相互拜年时经常使用，春联上更是出现得非常频繁。"五福"到底是哪五种福气呢？

"五福"出自《尚书·洪范》："一曰寿，二曰富，三曰康宁，四曰攸好德，五曰考终命。""康宁"是指身体安康，没有疾病；"攸好德"是修习美好的德行；"考终命"的"考"是老的意思，"考终命"即尽享天年，寿终正寝。东汉学者桓谭在所著《新论》中进一步解释道："五福：寿，富，贵，安乐，子孙众多。"这"五福"浓缩了中国人的终极理想，现代人仍然兢兢业业地遵循，只不过"子孙众多"的冲动弱化了下来。

"五福"中有两福（寿、考终命）都跟寿命有关，而且头一福就是"寿"，这也是远古人类的原始意识。古人把人的寿命分成上寿、中寿、下寿三种，有关三种寿命的年龄，说法不一，《庄子·盗跖》说："人上寿百岁，中寿八十，下寿六十。"唐代学者孔颖达说："上寿百年以上，中寿九十以上，下寿八十以上。"高寿既是古人的追求，也是最大的福气，所以按照古代的礼节，活到八十岁以上寿终正寝的，送礼不用白布，而是用红

❸　　　　　　　　❹　　　　　　　　❺

色的挽联和红色的帐子,这称为喜丧,是说丧事当作喜事办。

"寿"字字形的演变非常有意思。寿,金文字形 ❶,这是一个会意字,但到底是怎么会意的却众说纷纭。有学者认为,下面的曲线"为耕耙过的田地的纹路,像老人脸上的皱纹",两个"口"是表声符号。也有学者认为,下面的曲线表示延续,两个"口"则为肉形,代表身体,会意为生命延续,活得长久。还有学者认为寿字字形的上面是"老"字的上半部分,像一位头发长长的老人,下面的曲线表示田垄或耕田的痕迹,左右两个半圆形表示耕田的犁具。这样来看,"寿"字显然是农业社会的反映,意思是说老年人不能光坐着不动,要经常参加劳动,在田地里耕作才会长寿。

我认为以上诸说都不妥。"寿"字下面的曲线代表田畴,两个"口"应该是祭祀所用的器具的形状。古时乡间有四时之祭,祭祀土地神和谷神,祈祷丰收。字形上面添加了一个"老",表示德高望重的老人主持祭祀仪式。整个字形会意为祈祷老人长寿。

寿,金文字形 ❷,最下面添加了一个酒具,用酒为老年人祝寿。金文字形 ❸,在酒具的旁边又添加了一只手,意思是手捧酒具为老年人祝寿。小篆字形 ❹,与金文相似但更加规范化。楷书繁体字形 ❺,失去了最初的形象,只有手(寸)的样子还在,外形上完全看不出为什么这样造字了。简化后的字体则完全看不出造字的原意了。

《说文解字》:"寿,久也。"《诗经·天保》:"如南山之寿,不骞不崩。"如同南山一样长寿，不亏损不崩塌。古人甚至幻想出一种生长年岁长久的仙木，唤作寿木："寿木，昆仑山上木也。华，实也。食其实者不死，故曰寿木。""有寿木之林，一树千寻。日月为之隐蔽。若经憩此木下，皆不死不病。"出于对活得长久的美好愿望，古人还把棺材叫作寿木。从汉代开始，年满七十岁的老者可以得到朝廷赐拐杖的荣誉，这种拐杖叫鸠杖，是用玉制成的，可见古人对长寿者的尊崇。赏赐鸠杖的习俗一直延续到明清，乾隆皇帝有一次开"千叟宴"，参加宴会的老者达三千九百多人，每人都被赏赐了一根鸠杖，令人叹为观止。

《旧传李公麟郭子仪遇七夕神女》
明清佚名绘，纸本设色，美国弗利尔美术馆藏

    这是一套人物册页中的一开，款识为伪托，描绘了唐代大将郭子仪戍边时遇到七夕神女的传说，也是"富贵寿考"这一典故的来源。

    据《古今图书集成》引《感遇集》记载："郭子仪至银州，夜见左右皆赤光。仰视空中，骈车绣幄，中有一美女，自天而下。子仪拜祝：'今七月七夕，必是织女降临，愿赐长寿富贵。'女笑谓曰：'大富贵，亦寿考。'言讫，冉冉升天。子仪后立功，贵盛，年九十馀薨。"

    郭子仪一生平定安史之乱等诸多乱事，历事玄、肃、代、德四帝，封汾阳郡王，世称郭令公。史家赞他"权倾天下而朝不忌，功盖一代而主不疑，侈穷人欲而君子不之罪。富贵寿考，繁衍安泰，哀荣终始，人道之盛，此无缺焉。"享年八十五岁，并非《感遇集》中所写的"九十馀"，不过在古代也完全称得上长寿了。

丧

众人在桑树下哭丧

子夏丧其子而丧其明 ——《礼记》

❶ ❷

丧，甲骨文字形❶，这是一个既奇特又有趣的会意字！上、中的三个"口"表示哭的意思，中间是一棵桑树。左民安先生说这棵桑树是声符，表音。按照这种说法，"丧"就是一个形声字。但是别的学者有不同的意见。谷衍奎《汉字源流字典》解释说："会众口喧哭于桑枝之下意。古代丧事用桑枝作标志，如今丧事所用的纸幡即是古代桑枝的遗制。俗有'宅后不种柳，宅前不栽桑'之语，就是因为桑与丧音同。"这种解释更具说服力。

丧，金文字形❷，上面是四张口，中间的桑枝严重变形，以至于看起来就像一个"亡"字。金文字形❸，右边添加了一个人，人下面是一只脚，表示奔跑，跑得很快去参加丧事。小篆字形❹，上部讹变为"哭"，下部讹变为"亡"。楷书繁体字形❺，由小篆演变而来。简化后的字体失去了用来哭泣的"口"。

《说文解字》："丧，亡也。""丧"的本义就是死亡，引申为丧失。晋国公子重耳在外逃亡十九年，自称"身丧"，意思就是失去了在国内的地位。鲁昭公也曾自称"丧人"，因为他失去了鲁国国君的地位，逃亡到了齐国。当作"死亡"的意思时都读作一声 sāng，当

❸　　　　　　　　❹　　　　　　　　❺

作丧失、逃亡的意思时都读作四声 sàng。《礼记·檀弓》中的一句话同时包含了这个字的两种读音,是最好的参照。"子夏丧其子而丧其明。"子夏是孔子的学生,儿子死了,他为此哭泣,哭得丧失了眼睛的明亮,意思就是哭瞎了眼睛。后来就用"丧明"指代眼睛失明。在这句话中,前一个"丧"字读作 sāng,死亡的意思;后一个"丧"字读作 sàng,丧失的意思。

古人对丧礼很重视,《中庸》说:"事死如事生,事亡如事存,孝之至也。"为父母办丧事的时候就如同他们还活着一样。还按照严格的亲疏远近,制定了五种丧服制度,从重到轻,依次分为斩衰、齐衰、大功、小功、缌麻,此之谓"五服"。

首先最重的是斩衰。衰同缞,读作 cuī,是指用粗麻布做成的丧服。这种丧服不能锁边,要用刀子随手裁取几块粗麻布,胡乱拼凑缝合在一起,所以称为"斩衰"。这种丧服一穿就要穿三年,用于直系亲属和最亲近的人之间,比如儿子为父亲服丧,妻子为丈夫服丧。丧服之所以是胡乱拼凑的,意思是指最亲的人死了,我是多么悲伤啊,连衣服都没有心情制作了,就让我胡乱披着几块麻布为您服丧吧。

其次是齐衰。"齐衰"是用生麻布做成的丧服,能锁边,把边缝齐,所以叫"齐衰"。这种丧服穿的时间长短不一,可以是三年,也可以是一年、五个月、三个月,等等。比如为继母服丧是三年;孙子为祖父母服丧、丈夫为妻子服丧是一年;为曾祖父母服丧是五个月;为高祖父母服丧是三个月。

再次是大功。"大功"是用熟麻布做成的丧服，比"齐衰"稍细，比"小功"稍粗。"功"同"工"，意思是做工很粗，故称"大功"。这种丧服要穿九个月，比如为堂兄弟、未婚的堂姊妹、已婚的姑、姊妹、侄女等服丧，已婚女为伯父、叔父、兄弟、侄、未婚姑母、姊妹、侄女等服丧，都要穿这种丧服。

再次是小功。"小功"也是用熟麻布做成的丧服，比"大功"稍细，故称"小功"。这种丧服要穿五个月。比如为本宗的曾祖父母、堂姑母、已出嫁的堂姊妹等服丧，为母系一支中的外祖父母、母舅、母姨等服丧，都要穿这种丧服。

最轻的叫缌麻。缌读作 sī，是指用细麻布做成的丧服，这种丧服只需穿三个月即可脱掉。比如为本宗的高祖父母、族兄弟、还没有出嫁的族姊妹等服丧，或者为外孙、外甥、岳父母等服丧，都要穿这种丧服。

❶　　　　❷　　　　❸

顶着又大又怪异的脑袋的人

未能事人，焉能事鬼
——《论语》

鬼不仅是中国文化中深入人心又令人恐惧的形象，同样也是世界各民族文化中的共有形象。

鬼，甲骨文字形❶，这是一个象形字，下面是一个朝左边跪着的人，头上顶着一个大大的怪异的脑袋。金文字形❷，大大的怪异的脑袋照旧，不过跪着的人已经站了起来。小篆字形❸，在站着的人的右边加了一个"厶"，厶就是私，"鬼阴气贼害，故从厶"，意思是鬼的阴私特别重。由"鬼"这个字的演变可以看出：在古人的想象中，原始的鬼不过就是一个大头人，头大如斗，以至于压得人站不起身，等人能够站起身了，就开始给鬼添加更多的骇人成分，这种骇人成分就是鬼的所谓阴私，"鬼"的形象从此定型。

古时关于鬼的说法虽然千奇百怪，但最早却跟"归"这个同音字有关。《说文解字》："人所归为鬼。"《尔雅·释训》："鬼之为言归也。"《礼记·祭义》："众生必死，死必归土，此之谓鬼。"《尸子》："古者谓死人为归人。"《列子·天瑞》："精神离形，各归其真，故谓之鬼。鬼，归也，归其真宅。"先秦政治家子产说："鬼有所归，乃不为厉，吾为之归也。"厉是恶鬼，子产的意思是说，如果鬼有所归就不会变成恶鬼。北宋学者邢昺也说："鬼者，归也。言人生于无，还归于无,故曰鬼也。"这是一种非常深刻的思想,正如孔子的学生季路向老师请教鬼神之事,孔子回答:"未能事人,焉能事鬼?"季路又问生死之事,孔子回答:"未知生,焉知死?"在中国古代哲学中,生才是最重要的,死不过是"归",是回家,是返回到人的来处,所以才会产生"视死如归"这个成语,把死亡看得像回家一样正常。

由此可见,在古人的心目中,鬼并没有今天鬼故事、鬼电影中那么恐怖,既然是人之所归,那就不过是换了一个空间,换了一个时间维度的"人"而已。鬼有时候非但不令人恐怖,甚至还很可爱,有时还会被人捉弄。干宝《搜神记》中讲过一个著名的鬼故事。宋定伯有次夜行遇到了一个鬼,鬼说:"我是鬼。"宋定伯说:"我也是鬼。"两"鬼"同行,为了加快速度,鬼建议互相担着对方行走。鬼先担宋定伯,疑惑宋定伯为何如此之重,宋定伯称自己乃是新鬼。换宋定伯担鬼,非常之轻。宋定伯趁机套问鬼怕什么,鬼回答道:"怕唾。"到了集市上,宋定伯将鬼担在肩上,趁人多就要捉拿鬼,鬼大呼,落地后化为一只羊,宋定伯怕鬼再变化,急忙一口唾沫唾过去,将鬼定格为羊,卖了很多钱。

在这个著名的鬼故事中,这位老老实实的鬼哪里具备害人的心机和本事呢?反而是人的奸诈程度远远超过了鬼,因此干宝其实是借助这个鬼故事对人进行了辛辣的嘲讽。人乎?鬼乎?无非都是现实主义的鬼话而已。至于钟馗捉鬼的故事,倒是钟馗的形象比鬼还要恐怖得多,不过也早已化作了喜庆的民俗,供人自娱自乐了。

《月百姿·吉野山夜半月 伊贺局》

月冈芳年绘·1886 年

《月百姿》系列是一部以月亮为主题的大型锦绘（彩色木版画 100 幅）合集，取材自日本和中国的轶事、历史和神话，描绘了月亮的千态百姿。该系列优美抒情，乃月冈芳年的晚年代表作。

这幅画中，长发垂地、白衣红裳的背影女子伊贺局，是日本南北朝时代宫中的女官，侍奉后醍醐天皇之妃新待贤门院。一个明亮的夏夜，伊贺局在庭院中纳凉，忽然松梢月黑，一个背生双翼的天狗模样的鬼怪出现在她面前。伊贺局面无惧色，沉着搭话，得知此怪乃藤原基任的亡灵，因不满被女院殿下遗忘而化为厉鬼，于是约定为其祈祷冥福，遂遣退之。鬼怪展翼飞去之时，伊贺局问道："阁下所归何处？"鬼怪朗声回答："无坟无冢，原野浮萍。"声随影没，月色复明。虽是鬼故事，却凄美动人，馀韵不尽。

葬

人死后用草席覆盖起来

> 古之葬者，厚衣之以薪，葬之中野
> ——《周易》

❶

❷

"葬"字的字形演变深刻地反映了我国古代葬仪的变迁。

葬，甲骨文字形❶，这是一个会意字，一个人躺在地下的空间里，上面的两束草表示用草掩埋。甲骨文字形❷，左边像是一块死者身下垫的板子，右边据许慎解释是残骨的形状，整个字形会意为埋葬。马如森先生解释道："像一朽骨于床上，意为死人。"金文字形❸，这个字形出自河北平山中山王陵的战国时期中山王墓宫堂图，与甲骨文字形相比略有变化。小篆字形❹，脱离了甲骨文和金文的造字思维。

《说文解字》："葬，藏也。从死在草中，一其中，所以荐之。"许慎解释小篆字形，上下都是草，中间是"死"字，"死"字的下面是一块垫板，荐是草席，整个字形会意为人死后用草席覆盖起来，藏在草丛里。三国时出土的《三体石经》上还有一种变形❺，字形非常美丽，因此收录于此。

《周易·系辞》："古之葬者，厚衣之以薪，葬之中野，不封不树，丧期无数。后世圣人易之以棺椁。"由此可见，上古时候的葬礼是多么简单：用柴草厚厚地

  丼   葬   薧

  ❸   ❹   ❺

包裹起尸体，葬到原野之中，既不封土为坟，上面也不植树，服丧也没有规定的期限。《孟子》曾经叙述过上古的葬仪："盖上世尝有不葬其亲者，其亲死，则举而委之于壑。他日过之，狐狸食之，蝇蚋姑嘬之。"意思是上古曾经有个不安葬父母的人，他的父母死后，就抬走尸体扔进山沟。几天后他经过那个地方，看到狐狸在吃，苍蝇蚊子在叮。孟子是用后世的儒家观念来批评这个人，但也可从中看出上古时期的葬礼之简单。

  《礼记》中记载了一则孔子的故事。孔子在"防"这个地方为父母修建了一座合葬墓，修完后说："我听说古时候墓而不坟，我孔丘乃是东西南北四处漂流之人，不能不作一个标记。"于是修了一个高四尺的坟头。修完后孔子先回了家，跟他一块儿修墓的弟子们回来晚了，孔子问道："你们怎么回来得这么晚啊？"弟子们回答说："您走了之后下大雨，墓被雨淋坏了，我们重新将它修好，因此花费了一些时间。"孔子听了这番话，半天没有回应，弟子们说了三遍，孔子才流着眼泪说："我听说古时候不修墓。"

  从这个故事中可以得知，在春秋时期之前，第一"墓而不坟"，只有墓而不立坟头；第二"古不修墓"，墓坏了也不会再修好。这已经是"厚衣之以薪，葬之中野，不封不树，丧期无数"之后的简葬制度了。"后世圣人易之以棺椁"，这种简葬方式后来改成了棺葬，但是仍然只有"墓"而没有"坟"，而且墓坏了也不会去修，任其自然。上古时期没有那么多繁杂的礼节，人们对待死亡的态度很超然，不需要后来的一整套埋葬制度。

不过，孔子感慨的是上古时期的葬仪，事实上周代时已经出现了"坟墓"。周代有大司徒的官职，其职责之一要遵从六种风俗以安定百姓，这六种风俗分别是："一曰美宫室，二曰族坟墓，三曰联兄弟，四曰联师儒，五曰联朋友，六曰同衣服。"可见这时的民间风俗中已经有了"坟墓"制度。

今天的坟墓越来越趋于豪华，跟古人的教诲早已经背道而驰了。

死

活人对着朽骨俯身拜祭

君子曰终，小人曰死 ——《礼记》

❶ ❷ ❸

孔子说："未知生，焉知死。"不过既然死亡是人生的终点，那么先民们也一定会非常重视人的死亡，这种重视就体现在"死"的造字思维当中。

死，甲骨文字形 ❶，这是一个会意字，右边是一个俯身的人，左边是一具肉已朽尽的残骨，罗振玉说像生人拜于朽骨之旁，死之谊昭然，因此会意为死亡。这个观点也为大多数学者所认可。甲骨文字形 ❷，右边的人俯身拜祭的样子栩栩如生。甲骨文字形 ❸，这个人半跪在地上，头甚至都俯到了朽骨之上，悲哀之状可掬。金文字形 ❹，大同小异。金文字形 ❺，右边的人还能够清晰地看出来俯身的样子。小篆字形 ❻，紧承甲骨文和金文字形而来。楷书字形误将俯身之人写成"匕"，不过也有学者认为"匕"乃倒人之形，倒着的人即表示人死了。

《说文解字》："死，澌也，人所离也。"《释名·释丧制》也说："人死气绝曰死。死，澌也，就消澌也。""澌"是水流尽之意，用来比喻人走到了尽头，离世而去。不过奇怪的是，人新死之后，尸体并没有腐烂，为什么先民造"死"字的时候，却偏偏要对着一具残骨拜祭呢？

白川静先生则解释说："古时，人死后先暂时放置

❹ ❺ ❻

在草丛里，待其风化为残骸后，拾取骨殖埋葬，谓'葬'。此种方式称为'复葬'。对拾集的骨殖躬身礼拜悼念之形为'死'，由此有了死亡、致死之义。"这段话极富启发性。

许慎如此解释"葬"字："葬，藏也。从死在草中，一其中，所以荐之。""葬"的小篆字形上下都是草，中间是"死"字，"死"字的下面是一块垫板，荐是草席，整个字形会意为人死后用草席覆盖起来，藏在草丛里。《周易·系辞》中说："古之葬者，厚衣之以薪，葬之中野，不封不树，丧期无数。后世圣人易之以棺椁。"这是上古时期的薄葬习俗。

不过，要将死去的人放置在草丛里待其风化，花费的时间未免过长，而白川静先生所说的"复葬"也并不符合古时的丧葬习俗。所谓"复葬"，是指一次土葬后，若干年后再将肉已朽尽的残骨捡出，放在棺木或陶器中另行安葬。考古发掘证明这一习俗早在原始社会时期就已出现，又称"捡骨葬"或"拾骨葬"，今天一些少数民族比如壮族、苗族中还有这样的习俗。

《礼记·曲礼下》载："天子死曰崩，诸侯死曰薨，大夫死曰卒，士曰不禄，庶人曰死。"《檀弓上》也说："君子曰终，小人曰死。"也就是说，平民百姓之死才能称"死"，这恰恰呼应了"捡骨葬"的习俗，平民百姓的子孙发迹后重新安葬父母的遗骨，捡出遗骨后，向遗骨俯身拜祭，正是"死"的甲骨文和金文字形的形象写照，因此"死"的本义就是白川静先生所说的"对拾集的骨殖躬身礼拜悼念之形为'死'"。

《旧传刘松年摔琴谢知音图》
明代佚名绘,绢本设色,美国弗利尔美术馆藏

这幅明代人物画仿仇英风格,弗利尔美术馆题为《山中访友》(Visitor to a Mountain Retreat),描绘的是俞伯牙和钟子期的故事。

俞伯牙善鼓琴,钟子期善听。伯牙鼓琴,志在高山。钟子期曰:"善哉,峨峨兮若泰山!"志在流水,钟子期曰:"善哉,洋洋兮若江河!"伯牙所念,钟子期必得之。子期死,伯牙谓世再无知音,乃破琴绝弦,终身不复鼓琴。

画中情景,是汉水江边分别一年后,俞伯牙再访钟子期于山中,得知好友身故消息,悲恸之下,举琴欲摔的一幕。上有高山苍苍,下有流水汤汤,山高水长,气象苍郁,衬托得人物雅洁,意境高远。

弃

逆产的胎儿放到草筐里去扔掉

弃缥频北上，怀刺几西游。
——王绩

❶ ❷

西汉时，济南人终军十八岁就被举荐为博士弟子，前往长安，途经函谷关时，关吏给他一半缥。缥（xū）是帛制的通行证，入关时取得一半，出关时要拿出来跟关吏手中的另一半合为一体。十八岁的终军问清楚用途，慨然道："大丈夫西游，终不复传还。"弃缥而去，后来果然成就了一番事业。王绩有诗："弃缥频北上，怀刺几西游。"就是用的这个典故，年少立大志之典。

弃，甲骨文字形 ❶，这是一个会意字，上面是婴儿"子"，头朝上，"子"两旁的三点表示羊水，中间是一只草筐，下面是两只手。整个字形会意为：头上脚下逆产而生的胎儿，要放到草筐里，用手端着去扔掉。在古人看来，逆产儿不吉利，因此要扔掉。白川静先生则如此解释："古时，有将第一胎遗弃或将其弃于水中看其是否能够浮出水面以决定养育与否的习俗。"甲骨文字形 ❷，字形更复杂，右边好像是编结物，也许是埋葬婴儿的草席。金文字形 ❸，婴儿变成了头朝下，代表死婴，两只手的样子仍然很明显，但是草筐的形状变得异常复杂。小篆字形 ❹，"子"和两只手的形状还看得出来，但是草筐的样子不大看得出来了。楷书繁体字形 ❺，

❸　　　　　　　　　❹　　　　　　　　　❺

直接由小篆演变而来，不过下面的两只手讹变成了"木"。

《说文解字》："弃，捐也。""捐"也是舍弃、抛弃的意思。周代始祖后稷的名字就叫"弃"，他的母亲在野外因为踩踏了巨人的足迹而怀孕，生下来后以为不祥，就把他扔在陋巷，但是却没有受到伤害，母亲又把他捡了回来，因此名之为"弃"。这是"弃"字最形象化的解释。至于段玉裁解释说"不孝子，人所弃也"，就未免泛道德化了。

古代刑罚制度有"弃市"的传统，《礼记·王制》规定："刑人于市，与众弃之。"受刑罚的人要在街头示众，民众共同唾弃他。"弃市"之后的刑人，"公家不畜刑人，大夫弗养，士遇之途弗与言也。屏之四方，唯其所之，不及以政，亦弗故生也"。这段话的意思是：既然已经"弃"之了，那么官家不能收容，大夫不能育养，士在途中遇到不能跟他交谈。放逐四方，任其所往。虽然不再让他服役交税，但也不欲让他好好活着，放之化外，任其自生自灭而已。后来"弃市"一词就引申而专指死刑。

颜之推在著名的《颜氏家训》中劝诫儿女："谢幼舆赃贿黜削，违弃其余鱼之旨也。"谢鲲字幼舆，西晋名士，因贪污而丢官，颜之推指责他违背了"弃其余鱼"的宗旨。战国时期，惠施担任魏国国相之后，从车百乘，还是不满足，他的朋友庄子看到这种气派，本来在河边捉了很多鱼，这时就把剩余的鱼都放掉了，以此来讽刺惠施的奢侈。"弃其余鱼"因此变为一个典故，形容节欲知足。

夭

人行走时两臂摆动

厥草惟夭，厥木惟乔 ——《尚书》

❶

❷

"夭"这个字今天使用得很少，最常用的义项就是夭折，短命早死或者事情半途而废。这是一个字形非常简单的汉字，但也是一个非常有趣的汉字。

夭，甲骨文字形❶，这是一个很明显的象形字，徐中舒先生认为"像人行走时两臂摆动之形"，这也是大多数学者的意见。但是，仔细观察甲骨文字形❷，这个人舒展的动作更像舞蹈。金文字形❸，大同小异。小篆字形❹，将头部改成了倾侧之形。

《说文解字》："夭，屈也。""夭"的甲骨文和金文字形中，人屈曲的样子并不明显，婀娜起舞则要屈身折腰，因此才引申为"屈"。《诗经》中的名句"桃之夭夭，灼灼其华"，形容桃花绚丽茂盛，"夭夭"一词正是由婀娜起舞的形象而来。婀娜起舞，舞姿轻盈，仪态娇媚，极富观赏性，因此引申来形容桃花的艳丽茂盛。《尚书·禹贡》篇中有"厥草惟夭，厥木惟乔"的描述，形容草长得非常茂盛，树长得非常高大。这里的"夭"也是茂盛之意。

有趣的是，"夭"这个字也体现了汉语中一个独特的现象，即反义同字，一个字可以表示正、反两方面的

❸ ❹

意思。屈曲过分则易折,因此"夭"引申为短命早死。《释名·释丧制》:"少壮而死曰夭,如取物中夭折也。"

短命早死的反义即为初生。《礼记·月令》:"毋覆巢,毋杀孩虫、胎、夭、飞鸟,毋麛,毋卵。"这是说孟春之月的禁忌事项。覆巢指捣毁鸟巢;孩虫指幼虫,初生之虫;"胎"指尚未出生的小动物;"夭"即指刚刚出生的小动物;飞鸟指刚刚学会飞行的小鸟;"麛(mí)"本是幼鹿,此处泛指幼兽;"卵"指鸟卵。初春始生,因此设戒。

《国语·鲁语》中也有类似的记载:"山不槎蘖,泽不伐夭,鱼禁鲲鲕,兽长麑䴠,鸟翼鷇卵,虫舍蚳蝝,蕃庶物也,古之训也。"槎蘖,砍伐幼林;"夭"指初生之草;鲲鲕(kūn ér),小鱼;"麑(ní)"是幼鹿,"䴠(yǔ)"是雄性獐鹿;"鷇(kòu)"是需要母鸟喂食的雏鸟;"蚳(chí)"是蚂蚁卵,"蝝(yuán)"是未生翅的幼蝗。之所以不伤害这些东西,是为了使万物繁育生长。"夭"指刚出生的禽兽或者初生的草木时,读作 ǎo。

《诗经·隰有苌楚》中吟咏道:"隰有苌楚,猗傩其枝,夭之沃沃。乐子之无知。隰有苌楚,猗傩其华,夭之沃沃。乐子之无家。隰有苌楚,猗傩其实,夭之沃沃。乐子之无室。"这首诗咏叹湿地里生长的苌楚(羊桃,即猕猴桃),枝、花和果实又幼嫩又润泽。"夭"由初生的草木引申为形容词,形容幼嫩。两个"夭"组成叠词"夭夭",幼嫩又幼嫩,可不就是长大了嘛,因此"桃之夭夭"是形容少壮之桃,即生长茂盛的桃花。

吊

人拿着射鸟的矰缴守在遗体旁边

吊生曰唁，吊死曰吊 ——《玉篇》

❶

❷

"吊"是"弔"的俗字，上面是"口"，代表头部，下面是"巾"，用"巾"将头部悬挂起来，可不就是上吊的意思嘛！不过本字"弔"却并非此义，从它的字形中，透露出了上古时期先民的丧葬习俗。

弔，甲骨文字形❶，这是一个会意字，中间是人形，带箭头的绳子叫"矰（zēng）"或"矰缴"，是拴着丝绳、用来射鸟的短箭。甲骨文字形❷，把短箭射出去的时候，人要扯着丝绳，以便射中鸟后往回拉，所以丝绳在人的头顶，表示人甩出短箭的同时高高地扯着丝绳。金文字形❸，大同小异。金文字形❹，系着箭头的丝绳栩栩如生。小篆字形❺，将人移到矰的上面，字形稍有变化。

《说文解字》："弔，问终也。古之葬者，厚衣之以薪。从人持弓，会驱禽。"许慎是根据小篆字形作出的释义，但是从甲骨文和金文字形来看，人所持的并不是弓，而是矰缴。陈独秀认为："弔乃像人悬弔于绳索，本义为人之自经，引申之悬物皆曰吊……自经乃不幸之事，戚族谊应慰，故弔用为弔问字，并不限于问丧。"陈独秀将"弔"释为上吊，那么用于上吊的绳索有何必要非得带有箭头？因此这是错误的释义。

❸　　　　　　　　　❹　　　　　　　　　❺

上古时期，先民实行薄葬，人死了，用柴草简简单单地包起来，往野外一埋就算了事，连棺材都没有。在埋下去之前，死者就这样无遮无挡地躺在旷野，禽兽发现了死者的尸体，循迹而来，对死者的完尸造成了很大的损害，死者的儿子就手持矰缴守候在遗体旁边，驱赶禽兽。前来吊丧的人身处于这样的场景之中，于是"弔"就引申为"问终"，吊问死者。

《吴越春秋》中记载了善射者陈音和越王勾践的一段对话。陈音说"弩生于弓，弓生于弹，弹起古之孝子"，接着解释说："古者人民朴质，饥食鸟兽，渴饮雾露，死则裹以白茅，投于中野。孝子不忍见父母为禽兽所食，故作弹以守之，绝鸟兽之害。故歌曰'断竹续竹，飞土逐害'之谓也。"陈音引用的古歌出自先秦无名氏的《弹歌》，原文是："断竹续竹，飞土逐肉。"弹弓乃竹制，"断竹续竹"是制作弹弓的动作；弹丸乃团土而成，故曰"飞土"，射出弹丸以驱逐禽兽。将陈音所说的弓和弹替换成矰缴，即是孝子守护父母遗体的生动写照。

顾野王所著《玉篇》中说："吊生曰唁，吊死曰吊。"对死者家属慰问叫"唁"，哀悼死者叫"吊"。很多人不理解中国农村那种大张旗鼓、非常夸张的葬礼，觉得都是演给活人看的，很虚伪。这就是不了解中国式的"吊唁"所致。"吊唁"的重点不在"吊"，而在"唁"，即对生者的慰问，看起来虚伪的葬礼其实正是对死者家属内心的一种抚慰。死者已矣，重要的是活着的人，这才是吊唁的核心所在。

尸

代表死者受祭的活人

神具醉止，皇尸载起
——《诗经》

人们通常以为"屍"是"尸"的繁体字，其实在古代，最早先有"尸"这个字，后来两字并存，而且意义完全不同。

尸，甲骨文字形❶，这是一个象形字，像一个面朝左、曲腰弯腿的人。金文字形❷，屈膝的样子更加形象。小篆字形❸，变得好像一个躺卧着的人形。

《说文解字》："尸，陈也，象卧之形。"这个"尸"的本义可绝对不是尸体，而是"陈也"。什么叫"陈"？段玉裁解释道："祭祀之尸本象神而陈之。"原来，"尸"的本义是祭祀时代表死者受祭的活人。《诗经·楚茨》是一首描写祭祀过程的诗篇，其中有"神具醉止，皇尸载起。鼓钟送尸，神保聿归"的诗句。"皇"是美称。如果把"皇尸载起"理解成"尸体起身"那可就是诈尸了！正确的理解：是代表死者受祭的人起身离开神位。因此这几句诗的意思是：神灵都已经喝醉了，代表死者受祭的人起身离开神位。敲响钟鼓送走这个代祭者，神灵也回去了。

据《礼记》载，曾子曾经询问孔子："祭必有尸乎？"孔子回答道："祭成丧者必有尸，尸必以孙，孙幼则使

❸

❹

人抱之；无孙，则取于同姓可也。"古人认为祭祀的目的在于和祖先的灵魂感通，用孙辈来代表死去的先祖受祭，可以凝聚先祖之气，这种祭祀称作"尸祭"。

有个成语叫"尸位素餐"，从中还可以看出古代"尸祭"的遗风。颜师古解释说："尸位者，不举其事，但主其位而已；素餐者，德不称官，空当食禄。"代表先祖受祭的孝孙，在祭祀时仅仅是先祖的替身，是先祖灵魂的附体，自己什么事也不用做，只需要坐在神位上即可，"但主其位而已"和"素餐"组合在一起，比喻居位食禄而不尽职。这个意思从此成为"尸"的引申义，指在其位而无所作为。《庄子·逍遥游》："夫子立而天下治，而我犹尸之。"意思是：如果夫子您当了国君，天下一定大治，可是如今我却占着这个位置无所作为。

我们再来看"屍"字，小篆字形❹。《礼记·曲礼》："在床曰屍。"这才是尸体之"屍"。《说文解字》："屍，终主也，从尸从死。"这是一个会意兼形声的字：上面是"尸"，代表死者受祭的人；下面右边是人，左边是死者的残骨，整个字形会意为尸体。后来"尸"和"屍"可以通用，但是祭祀的"尸"绝对不能借用"屍"字。

有趣的是，道家有"三尸神"的说法。三尸神是在人体内作祟的三神，每天定时向天帝汇报人的恶行，减少人的寿命。一名青古，伐人眼，症状是目暗面皱，口臭齿落；二名白姑，伐人五脏，症状是心慌气短；三名血尸，伐人胃，症状是胃胀悲愁。对付三尸神的办法是，每到三尸神要上奏天帝的时候，人要彻夜不眠，一直守夜到天亮，使其无机可乘，无法上奏。其实这大概是道家为了让人修行，故意危言耸听，让人在适当的时候修真而已。

《四孝图》第四幅"沉江"

元代佚名绘,绢本设色长卷,台北"故宫博物院"藏

　　元人《四孝图》卷描绘了孝子故事四则,一图配一文。第一则"割股疗疾",第二则"陆绩怀橘",第三则"卧冰求鲤",第四则"曹娥沉江"。卷末附李居敬四孝图序,论孝之精义。通幅人物,以匀称之线条为主,细挺有力。

　　此幅描绘的是后汉曹娥的故事。曹娥为会稽上虞人,年十四,其父渡江溺水而亡,却不获尸灵。曹娥向江岸号泣七日七夜,亦投江死。三日之后,娥抱父尸,江心俱出。乡人将他们安葬,并立碑为记。蔡邕叹美其文,曾镌八字"黄绢幼妇外孙齑臼",寓意"绝妙好辞"。画面分为两部分,右上描绘曹娥抱父亲尸体从江心浮出,左下是众人于碑前点评赞叹,两个场景由江岸相连为一个整体。

见

人头上顶着一只大眼睛

信而见疑，忠而被谤
——《史记》

❶　❷　❸

"见"这个字看似简单，却蕴含着一个非常奇特的义项。且让我们从头说起。

见，甲骨文字形 ❶，这是一个会意字，下面是一个半跪着的人的侧视图，头上顶着一只大眼睛。甲骨文字形 ❷，上面的眼睛显得更大。金文字形 ❸，下面的人形几乎被上面巨大的眼睛给压垮了，可见"见"的字形突出的就是这只大眼睛。金文字形 ❹，大眼睛栩栩如生。小篆字形 ❺，下面的人形变成了"儿"，上面的大眼睛定型为"目"。楷书繁体字形 ❻，同于小篆。简体字上面的"目"加以简化，看不出眼睛的样子了。

《说文解字》："见，视也。"段玉裁进一步解释二者的区别："析言之有视而不见者，听而不闻者；浑言之则视与见、闻与听一也。""见"的本义就是看见、看到，进而引申为觐见。周代诸侯觐见天子，有如下规定："春见曰朝，夏见曰宗，秋见曰觐，冬见曰遇，时见曰会，殷见曰同。"春夏秋冬的见各有名目，一目了然。"时见"是没有常期的觐见，比如天子讨伐不顺从的诸侯，而集合别的诸侯，此时觐见就称作"时见"；"殷见"的"殷"意为众，即诸侯一年四季分批朝见天子。

　　人的眼睛看见某个人、物或者事件时，会产生一定的判断，因此引申为看法、见解，用作名词；人既然能够看见，那么看见的对象（人或物）必然会产生反向的作用力，即"被看见"，由此而引申出"被"的意思，用作助词，表示被动。《吕氏春秋》说："君子之自行也，敬人而不必见敬，爱人而不必见爱。""见敬""见爱"即被敬重、被喜爱。还有"见笑于人""见笑大方"的用法，均为被人耻笑之意。《史记》中形容屈原"信而见疑，忠而被谤"，"见疑"也是被怀疑、受到怀疑的意思。

　　"见"的以上义项都为人所熟知，最奇特的义项出现在"寻短见"或"自寻短见"这个日常俗语之中。自杀为什么被称作"寻短见"？迄今未见有说服力的解释。其实这跟古代的葬礼制度有关。

　　上古时期实行的是简葬，用木柴把尸体厚厚地包起来，埋到野外，既不封土为坟，也不植树立碑。后来慢慢开始厚葬，人死后，棺材外面还要再套上一层大棺，这叫"椁"（guǒ）。停殡尚未下葬的时候，"椁"上要用帷幕覆盖起来；棺木将要葬入墓穴的时候，还要用帷幕将"棺"覆盖起来，这个覆盖"棺"的帷幕就叫作"见"，是用死者生前所使用的帷幕制成的，亦称"棺饰"，顾名思义，是棺木的装饰品。

　　为什么称作"见"呢？贾公彦解释说："'见'谓道上帐帷荒，将入藏以覆棺。言见者以其棺不复见，唯见帷荒，故谓之'见'也。""帷荒"也是棺饰之一，是用布帛制成的棺罩。参加葬礼的人看不见棺木，只能看见覆盖的棺饰,因此这种棺饰就叫作"见"。

在"寻短见"这个日常俗语中,"短"指寿命短,郑玄说:"未冠曰短。"男子二十岁举行冠礼,表示成年,未满二十岁死亡,就称作"短"。既未成年,则身量矮小,使用"见"这种棺饰自然就比成年人的要短小,故称"短见"。"寻"是极其形象又刻薄的点睛之笔,自己去寻找"短见"的棺饰,不正是寿命短、自寻死路的典型象征吗?因此"寻短见"或"自寻短见"就用来比喻自杀寻死。